Christian Meyer

Erzbischof Konrad I von Salzburg

Christian Meyer

Erzbischof Konrad I von Salzburg

ISBN/EAN: 9783743335950

Hergestellt in Europa, USA, Kanada, Australien, Japan

Cover: Foto ©ninafisch / pixelio.de

Manufactured and distributed by brebook publishing software (www.brebook.com)

Christian Meyer

Erzbischof Konrad I von Salzburg

Erzbischof Konrad I. von Salzburg.

INAUGURAL-DISSERTATION,

der philosophischen Facultät zu Jena

zur

Erlangung der Doctorwürde

vorgelegt

von

Christian Meyer.

München, 1868.

Druck von J. G. Weiss, Universitätsbuchdrucker.

Erzbischof Konrad I. von Salzburg

gehörte väterlicherseits dem Geschlechte der Abenberge in Franken, mütterlicherseits dem der Abensberger in Bayern an. Sein Vater war Graf Wolfram I. von Abenberg, seine Mutter eine Tochter Babos von Abensberg. Ausser ihm nennen uns die Quellen[1]) noch zwei ältere Brüder, Wolfram und Otto, von denen der letztere kinderlos starb, so dass nunmehr das Geschlecht der Abenberge sich in dem einzigen Rapoto, dem Sohne Wolframs, fortpflanzte. Diesen erwähnt der Biograph Konrads ausdrücklich als Vogt des bamberger Bisthums, aber auch sonst begegnet uns derselbe zu wiederholten Malen in Urkunden aus der ersten Hälfte des XII. Jahrhunderts als Burggraf von Bamberg, bamberg'scher Lehensgraf im Rangau und Vogt von Banz. Seine Gemahlin war Mathilde aus dem Hause Wettin[2]).

Die Herrschaft der Grafen von Abenberg erstreckte sich im östlichen Ran- und dem angrenzenden Nordgau auf die Gebiete von Abenberg, Spalt, Pleinfeld, Roth u. a., im west-

---

1) Vita Chuonradi (Mon. Germ. hist. SS. XI.) §. 1.
2) Jahrbücher des deutschen Reichs unter Heinrich II. von S. Hirsch, I. 426,

lichen Rangau reichte sie von der Altmühl bis an die untere Aisch[1]). Ebenso ausgedehnt war ihre Verwandtschaft mit den angesehensten bayerischen und fränkischen Familien. Wolfram II, der Bruder des Erzbischofs, war mit einer Schwester des Markgrafen Dietpolt von Vohburg vermählt. Ausserdem brachte die Heirath Wolframs I. mit einer abensberg'schen Tochter Verbindungen nicht nur mit dieser Hauptlinie, sondern auch mit deren weit über Bayern und Kärnthen, Ost- und Rheinfranken verbreiteten Nebenzweigen mit sich[2]).

Konrad wird um das Jahr 1075 geboren sein[3]). Nachdem er seine Jünglingsjahre in keineswegs vielversprechender Weise zurückgelegt hatte — wenigstens berichtet der Biograph, dass er Kleiderpracht in solchem Masse geliebt habe, dass seine Umgebung ihn nur „Konrad mit dem Mantel" nannte[4]) — trat er nach der Sitte der damaligen Zeit, dass nachgeborene Söhne adeliger Familien sich dem geistlichen Stande widmeten, unter die Canoniker von Hildesheim ein[5]). Nach dem Tode der Eltern versuchten seine Brüder, in der Annahme, er als Kleriker würde in der Aussicht auf künftige hohe Würden weltlichen Besitz fahren lassen, ihm seinen Erbtheil vorzuenthalten, was ihn veranlasste, als Hofkapellan in die Dienste Kaiser Heinrichs IV. zu treten, um durch dessen Unterstützung das ihm Gebührende herauszuerhalten[6]). Der Biograph entwirft bei dieser Gelegenheit ein wenig schmeichelhaftes Bild von dem Leben und Treiben, wie es damals in der Umgebung des alternden Kaisers im

---

1) Bavaria III, 1112.
2) Vita Chuonradi §. 1.
3) Meiller, Regesten der Salzburger Erzbischöfe. S. 413.
4) Vita Chuon. §. 3.
5) Nomina Archiepiscoporum et Episc. etc. .... in Scriptores rer. Bruns. ed Leibnitz I, 769.
6) Vita Chuon. §. 3.

Gange war. „Aller Würde baar, voll von Lastern, das Regiment in den Händen zuchtloser Weiber, die die höchsten kirchlichen Würden nach Belieben verliehen", schildert der Verfasser, bis hieher mit starken, aber doch nicht gerade unrichtigen Farben malend. Was aber nunmehr folgt, trägt so sehr den Stempel der Unwahrscheinlichkeit an sich, dass man es nur dem übergrossen Eifer, seinen Helden in ein frappantes Licht zu stellen, zuschreiben darf. Gegen dieses Treiben nämlich lässt er unsern Konrad heftige Opposition ergreifen, so sehr, dass dieser seines eigentlichen Zweckes ganz vergass. Natürlich lud er dadurch den Hass des Kaisers auf sich, der aber, da Konrad durch angesehene Männer gestützt wurde, unwirksam blieb. Diesem Hasse wird nun in höchst eigenthümlicher Weise Konrads Ernennung zum Erzbischof von Salzburg zugeschrieben.[1]) Da nämlich die Salzburger im Rufe gewaltthätigen Ungehorsames gegen ihre Oberhirten standen, so soll Heinrich seinen Kapellan zu dieser hohen Würde befördert haben, um dadurch, dass er ihn an der Spitze dieser zuchtlosen Bande stellte, Rache an ihm zu nehmen. Diese Angaben stehen aber mit allen andern Quellen in geradem Widerspruch. Nicht Heinrich IV., sondern Heinrich V. bestimmte Konrad zum Erzbischof und wahrlich nicht, um dadurch ihm Verlegenheiten zu bereiten, sondern um sich ihm für geleistete Dienste dankbar zu erweisen. Es ist nämlich mit Sicherheit anzunehmen, dass sich Konrad in dem Masse, als Heinrichs IV. Stern zu bleichen begann, mit fast allen Andern der aufgehenden Sonne des Sohnes zuwandte. Gewiss ist, dass er an der zu Weihnachten 1105 in Mainz abgehaltenen Versammlung der Fürsten und Grafen des Reiches, die Heinrich der Jüngere zum Zwecke seiner Erwählung gegen seinen

---

1) Vita S. 6.

Vater berufen hatte, thätigen Antheil nahm¹). Während alsdann der Biograph uns über die Zeit der Ernennung ganz im Unklaren lässt, gibt die Vita Gebhardi den 7. Jan. 1106 als Tag der Einsetzung des Erzbischofes an²). Schon vor dem mainzer Fürstentag aber hatte Heinrich IV. alle Gewalt verloren. Dass sodann der erzbischöfliche Stuhl von Salzburg gerade nicht als eine Strafspfründe betrachtet wurde, geht aus einer Notiz der Vita Altmanni Episcopi Pataviensis (Mon. Germ. SS. XII, 241) hervor, wo es heisst: „unde principibus totius regni erat acceptissimus (scl. Abbas Hartmannus Gottwicensis) et ipsi regi Henrico V. familliarissimus, qui et eum in archiepiscopatu Juvavensi sublimare disposuit; sed zelus Oudalrici Pataviensis episcopi eum prohibuit, qui eum sibi in dignitate praeferri doluit."

Salzburg zählte zu denjenigen Gebieten, die durch den grossen Investiturstreit unter Heinrich IV. am meisten zu leiden gehabt hatten. Durch die i. J. 1076 erfolgte Excommunikation des Kaisers waren die Kirchenobern Deutschlands in die heillose Nothwendigkeit versetzt worden, zwischen Auflehnung gegen ihren Lehnsherrn und dem päpstlichen Bannstrahl wählen zu müssen. Gebhard, der damalige Erzbischof von Salzburg, war als Anhänger der streng kirchlichen Partei keinen Augenblick unschlüssig, das Jahr darauf verliess er flüchtig seine Diöcese, um seiner Ueberzeugung treu zu leben. Zehn Jahre brachte er im Exile, theils im Schwaben, theils in Sachsen zu³), erst nachdem im Jahre 1087 Herzog Welf in Bayern die Oberhand gewonnen hatte⁴), gelang es ihm, den vom Kaiser eingesetzten Perchtold zu vertreiben: doch starb er

---

1) Hansizius, Germania sacra, II, 203.
2) Vita Gebehardi in Mon. Germ. hist. SS. XI. §. 12. S. auch Ann. S. Rupperti ad an. 1106 u. Otto Fris. Chronicon, VII. 13.
3) Vita Geb. §. 1.
4) Koch-Sternfeld: „Reichersberg am Inn, in Abh. der hist. Classe der münchener Akad. VII. Bd. 618.

schon nach wenigen Monaten, 16. Juni 1088, zu Schloss Werfen¹) Wieder gewann Perchtold die Oberhand gegen den kanonisch gewählten Thiemo, den er sogar 6. Dez. 1097 in einem Treffen bei Saldorf (nahe bei Salzburg) vollständig besiegte²). Perchtold verfolgte Thiemo über den Tauern nach Kärnthen und gab ihn dort den furchtbarsten Misshandlungen preis³). Doch gelang es Letzterem aus der Haft zu entkommen. Später nahm er an der von Herzog Welf von Bayern veranstalteten Wallfahrt nach Palästina Theil und kam auf derselben zu Corazaim um (1101)⁴).

Perchtolds Regiment verräth in jeder Hinsicht den gewaltsamen Eindringling. In seinem Beginnen wurde er getreulich unterstützt, einestheils von seinem Klerus, dem die lockere Zucht wohl gefiel, anderntheils von den bischöflichen Ministerialen, denen sich Perchtold als freigebiger Lehensherr erwies. Mit seinen Helfershelfern überfiel er Admont und andere Klöster⁵), trieb die Convente auseinander, verschleuderte den kostbaren Kirchenschatz und verpfändete die bischöflichen Einkünfte⁶). So standen die Dinge, als Heinrich V. und mit ihm die päpstliche Partei das Uebergewicht erlangten. Alsobald begann auch in Salzburg die kirchliche Partei wieder das Haupt zu erheben, Abgeordnete der Geistlichkeit, des Adels und der Bürgerschaft begaben sich zu Heinrich V.⁷), um Conrad zum Erzbischof zu verlangen, dessen hohe und weitverbreitete Verwandtschaft, verbunden mit seiner strengpäpst-

---

1) Pass. Thiem. §. 5 in Mon. Germ. hist. SS. XI.
2) Vita §. 7.
3) Koch-Sternfeld l. c. 619. sequ.
4) Vita §. 7.
5) Koch-Sternfeld. 618.
6) Vita §. 7.
7) Vita § 5.

lichen Gesinnung, hauptsächlich zu dieser Wahl beigetragen haben mögen.

Heinrich, der es für gerathen fand, vorerst mit der päpstlichen Partei guten Frieden zu halten, um an ihr einen Rückhalt im Kampfe gegen seinen Vater zu haben, setzte ihren Ansuchen keinen Widerstand entgegen.

So konnte denn der neue Erzbischof am Tage Pauli Bekehrung (25. Jan. 1106) seinen Einzug in Salzburg halten.[1]) Da in der Hauptstadt sowohl als auch auf dem Lande Perhtolds zuchtlose Wirthschaft sich viele Anhänger verschafft hatte, erschien Konrad im Geleite seiner beiden Brüder, die nahezu 1000 Mann mit sich führten. Die Perhtoldianer hatten sich auf die Burg zurückgezogen. Als nun der Erzbischof mit seinem Klerus zum Gottesdienste in der Kirche verweilte, brachen sie unversehens in die Stadt ein, eilten in die bischöfliche Residenz, warfen die zum Festmahle im Atrium aufgestellten Tische, Sessel und anderweitigen Vorrichtungen um und schlossen sich dann schleunig wieder hinter ihren Mauern ein.

Anstatt darüber in Zorn zu gerathen, schickte Konrad Boten zu ihnen, um sie aufzufordern, sich bei ihm zur Empfangnahme ihrer Lehen einzufinden: wer sich dessen weigere, dem werde er dieselben entziehen.[2]) Um aber bei der Wiederverleihung die rechtmässig erlangten von den unrechtmässig erworbenen Lehen unterscheiden zu können, liess der Erzbischof die Ertheilung nur mit der Clausel erfolgen, dass der Inhaber sie von seinem rechtmässigen und katholischen Vorgänger, nicht aber durch Gewalt oder Hinterlist überkommen habe. Ueber diejenigen, welche sich unter dieser Bedingung anzunehmen weigerten, liess er von einem aus Ministerialen zusammengesetzten Lehen-

---

1) Vita § 6.
2) Vita § 6.

hof zu Recht erkennen: die Verurtheilten mussten das Land verlassen.

Der Schismatiker Perhtold verfiel in die kirchliche Acht. Ueber seine weiteren Schicksale theilt uns Konrads Biograph Einiges mit[1]), das aber, gleich wie die andern Nachrichten über die Anhänger desselben, nur mit Vorsicht aufzunehmen ist: er soll in seiner Heimath Moosburg mit zwei seiner Kleriker die übrige Zeit seines Lebens elendiglich verbracht haben. Erst am Ende seiner Tage habe er Reue verspürt und sich durch den Abt Günther von Seon an den Erzbischof mit der Bitte um Wiederaufnahme in die kirchliche Gemeinschaft gewendet, was ihm denn auch zugestanden worden sei.

Anders berichtet Ankershofen (Geschichte von Kärnthen II. 905), der, gestützt auf Urkunden von Sankt Paul im Lavantthal, Perhtold in dieses Kloster flüchten und darin schon nach einem Monat sterben lässt.

Am 21. Oktober erhielt Konrad auf dem Concil von Guastalla die Weihe und das Pallium aus den Händen Papst Paschalis II.[2]) von diesem Augenblicke an begegnen wir ihm als einem der einflussreichsten Persönlichkeiten in dem bald darauf wieder aufgenommenen Kampfe zwischen Kaiser und Papst. Paschalis hatte das Concil zum Zwecke der Regelung kirchlicher Verhältnisse berufen und namentlich das Verbot der Laieninvestitur erneuert. Um aber die heillose Verwirrung, die durch das kirchliche Schisma unter Heinrich IV. besonders in Deutschland entstanden war, nicht noch mehr zu steigern, zeigte er sich Heinrich V. darin nachgiebig, dass er diejenigen Bischöfe und Aebte, die auf unkanonische Weise zu ihren Stellen gelangt waren, im Amte beliess, wenn sie sich bei der Erwerbung nicht offenbarer Gewalt oder Simonie

---

1) Vita § 8.
2) Ekkehardi Chronicon ad a. 1106 et Auct Garst. ad a. 1106.

schuldig gemacht hatten[1]). Es war diess eine für den Papst verhängnissvolle Inkonsequenz, die Heinrich auszubeuten wusste. Denn wenn er auch klug genug war, die Kirche durch Nachgiebigkeit und Versprechungen sich zur Bundesgenossin zu machen, so lange er mit seinem Vater um die Krone kämpfte, so war er doch nicht gewillt, sich ihr dauernd unterzuordnen. Paschalis hatte durch die Absendung zweier Legaten zum Mainzer Fürstentag seine Zustimmung zur Erhebung des Sohnes an den Tag gelegt. Heinrich setzte dafür die von seinem Vater vertriebenen Bischöfe wieder ein[2]) und liess überhaupt die Kirche in Ausübung ihrer Rechte unbehindert.[3]) Er lud Paschalis zum friedlichen Ausgleich auf den Reichstag nach Augsburg ein.[4]) Der Papst sagte anfangs zu, gab aber dann, wohl von Misstrauen in die redlichen Absichten des Königs erfüllt[5]), auf den Rath seiner Anhänger seinen Entschluss wieder auf. Er eilte über Burgund nach Frankreich und berief von hier aus für das Fest der Himmelfahrt eine Kirchenversammlung nach Troyes. Heinrich dagegen begab sich, nachdem er den Papst vergeblich erwartet hatte, an die französische Grenze, um mit Paschalis Unterhandlungen anzuknüpfen. Allein der letztere zeigte sich unnachgiebig und erneuerte auf der Synode das Verbot der Investitur durch Laienhand, bei Strafe des Bannes, bis über diese Fragen eine zu berufende Kirchenversammlung zwischen ihm und dem Könige entschieden haben würde.[6])

In wieweit Konrad an den Beschlüssen des Papstes betheiligt war, kann mit Sicherheit nicht mehr erkannt werden. Wenn Hansitz denselben Paschalis nach Frankreich begleiten

---

1) Labbé, Concil X, 748.
2) Otto Fris. Chron. VII, 13.
3) Ann. Richerspergenses ad a. 1106 aus Gerhoh c. 19.
4) von Giesebrecht: Geschichte der deutschen Kaiserzeit, III. 3,750.
5) Ekk. Chr. ad a. 1107.
6) Ann. Saxo ad a. 1107.

lässt¹), so stützt er sich dabei mehr auf Vermuthungen als auf sichere Nachrichten. Dass aber Konrad, wie Hansitz weiter annimmt, an der troyer Synode theilgenommen habe, widerlegt sich durch eine aufbehaltene Urkunde, aus der hervorgeht, dass Konrad am 2. Mai 1107 bei König Heinrich war²).

Nachdem nunmehr Konrad die Weihen empfangen hatte und in seine Diöcese zurückgekehrt war, musste es seine vornehmste Sorge sein, Ordnung in die tief zerrütteten Verhältnisse zu bringen. Unter Perchtolds Regimente war der Kirchenschatz verschleudert, Lehen ihren rechtmässigen Inhabern entzogen und an des Eindringlings Genossen verliehen worden; Bischöfe und Aebte waren verjagt und Schismatiker an ihre Stelle gesetzt worden, die es ihrem Meister in der leichtsinnigen Verwaltung ihrer Aemter gleich thaten.³)

In das Jahr 1107 fällt die Vertreibung des in Gurk gewaltsam eingedrungenen Bischofs Bertold aus dem Geschlechte der Grafen von Celsach. An seine Stelle setzte Konrad seinen Kapellan Hildebold.⁴) In Kärnthen dagegen bezwang der Konrad eng verbundene Graf Bernhard von Sponheim die Brüder Werigand und Poppo⁵), die die ganze Landschaft unter ihre Herrschaft gebeugt hatten. Werigand wurde zur Kirchenbusse und zur Abtretung seines Besitzthums verurtheilt. Unter den Klöstern waren es namentlich Admont in Steyermark und Reichersberg am Inn, die Konrads reformatorische Thätigkeit in Anspruch nahmen. Von dem ersteren (gestiftet von Erzbischof Gebhard) wissen die Quellen viel Rühmliches zu erzählen.⁶) Die grosse Anzahl seiner Mönche,

---

1) Hansiz. l. c. 205.
2) Meiller l. c Nr. 5.
3) Vita § 7 u. Vita Gebh. § 8.
4) Vita § 11.
5) Gelehrte Anzeigen der münchener Akademie 1817. Nr. 36.
6) Vita § 4.

die strenge Zucht und gastliche Freigebigkeit derselben wurden als ein leuchtendes Vorbild aufgestellt. Unter Perhthold war es in tiefen Verfall gerathen; Konrad begann damit, dass er ihm in der Person des bisherigen Abts Wecilo von Formbach einen neuen Vorstand gab (1107) [1]).

Die verfallene Klosterzucht glaubte er am besten durch Einführung der Ordensregel des heiligen Augustins unter die ihm untergebenen Klöster und Chorherrenstifte wiederherstellen zu können. Eine genaue Einsicht in die Natur dieses Instituts mag er während seines Aufenthaltes in Sachsen, wo dieser Orden schon längere Zeit Eingang gefunden hatte, gewonnen haben. Von daher verpflanzte er auch mehrere durch Sittenstrenge und Gelehrsamkeit ausgezeichnete Regularen in seine Diöcese: einen von diesen, Berwin, ernannte er zum Probste von Reichersberg, nachdem er vorher die Kirche und ihr Vermögen den Händen der mit Perhtolds Hülfe eingedrungenen Laien entrissen hatte [2]).

Konrads innere Thätigkeit wurde durch den ersten Römerzug Heinrichs V. unterbrochen. Der letztere hatte nicht sobald Ordnung und Ruhe im Reiche wiederhergestellt, als er damit begann, der Kirche sein wahres Gesicht zu zeigen. Unbekümmert um das Verbot der Laieninvestitur, kam er kanonischen Wahlen eigenmächtig zuvor, oder liess dieselben unbeachtet und verlieh Bisthümer und Abteien nach eigenem Interesse [3]). Endlich i. J. 1110 konnte er daran denken, die kirchlichen Verwicklungen durch sein eigenes Erscheinen auf italienischem Boden zu lösen. Schon gegen August d. J. sammelte sich ein glänzendes Heer von 30,000 Mann [4]). Unter den grossen Würdenträgern des Reichs befand sich auch Erz-

---

1) Vita minor c. 14.
2) Annal. Richerspergenses ad a. 1110 u. 1121.
3) Giesebrecht l. c. III. 3.775.
4) Ekk. Chron. ad a. 1110.

bischof Konrad in Begleitung einer auserlesenen Schaar von Ministerialen. Der Biograph hebt mit Bedeutung hervor, dass Konrads Gesinnung eine von der der übrigen Reichsfürsten ganz verschiedene gewesen sei: denn während die meisten den Anschauungen des Königs bereitwillig beipflichteten, habe der Salzburger, zwischen Weltlichem und Geistlichem scharf unterscheidend, auch dem letzteren sein volles Recht zu wahren gesucht¹).

Nach manchen Widerwärtigkeiten war das kaiserliche Heer über die Alpen durch die Lombardei nach Florenz gelangt (Weihnachten 1110). Von da rückte Heinrich weiter nach Arezzo vor und schickte Gesandte an den Papst, um mit ihm Unterhandlungen wegen der Kaiserkrönung anzuknüpfen²). In Sutri empfing er die Antwort Paschalis, dahin lautend, dass der Papst die Krönung vollziehen werde, wenn Heinrich der Laieninvestitur entsagen wolle. Für dieses Zugeständniss, fügte der Papst weiter hinzu, solle der König sämmtliche Reichslehen, soweit sie sich in den Händen kirchlicher Würdenträger befänden, zurückerhalten³). Heinrich ging darauf ein, wohl wissend, dass diese Stipulation, die heftigste Opposition der deutschen Geistlichkeit hervorrufen werde: alsdann konnte er, so rechnete er weiter, mit genügendem Rechtsgrund sein dem Papst gegebenes Wort zurückfordern und die Krönung verlangen, ohne den Vorwurf eines Vertragsbruchs auf sich zu laden. Noch fügte er die Bedingung hinzu, dass die Verabredung nur mit allseitiger Zustimmung des Klerus Bestand haben solle⁴).

Am 12. Februar erreichten die Deutschen die Stadt. Vor den Thüren der Peterskirche wurde der König vom Papste em-

---

1) Vita Chuon. §. 9.
2) Ekk. ad a. 1111.
3) Mon. Germ. Legg. II, 66 seq.
4) Ekk. ad a. 1111.

pfangen; die Begrüssung war auf beiden Seiten eine ehrerbietige. Sofort trat man in der Kirche zur Verhandlung zusammen. Es wurden die Briefe Heinrichs an den Papst herbeigebracht, der päpstliche Kanzler fragte den König und seinen Kanzler, ob sie diese Briefe als die ihrigen anerkenneten. Und als sie Beide mit Ja antworteten, wurden sie öffentlich verlesen. Sodann geschah das Nämliche von Seiten des deutschen Kanzlers, Adalberts von Mainz. Kaum waren aber die beiderseitigen Schreiben verlesen, als die deutschen Bischöfe, hinter deren Rücken die Verhandlungen gepflogen worden waren, einhellig in lauten Tumult ausbrachen und aufs heftigste ihren Widerspruch gegen diesen, ihre ganze Stellung vernichtenden Vertrag erklärten. Sie wollten, riefen sie laut aus, dem Könige die Kaiserkrone nicht mit dem Opfer ihrer Machtstellung verschaffen. Um dem Lärmen Einhalt zu thun und die Bischöfe zu einer bestimmenden Erklärung zu veranlassen, traten die Bewaffnete des Königs vor, umringten die Bischöfe und bedrohten sie mit den Waffen.

Da war es Erzbischof Konrad, der, gleichsam als Fahnenträger, das Wort ergriff und laut rief, er wolle lieber das Leben verlieren, ehe er einem solchen Vertrage seine Zustimmung geben würde.

So erzählt Gerhoh von Reichersperg, indem er Konrad für die bedrohten Rechte der Kirche in die Schranken treten lässt.[1]) Anders lautet der Bericht der Vita major[2]), in der erzählt wird, König und Papst seien im geheimen Einverständniss darüber gewesen, dass das Recht der Investitur von der Kirche auf den König zu übertragen sei. Dass diess unrichtig ist, und dass der Erzbischof seinen Widerspruch nicht gegen Paschalis wandte, liegt auf der Hand. Aber auch das, was uns Gerhoh über das Motiv zu Konrads kühner That erzählt, dürfte

---

1) Gerh. Reichersp. de antichristo, c. 22.
2) Vita S. 9.

nicht stichhaltig sein. Der Vorzug ist vielmehr den Angaben Otto von Freising's zu geben; hier wird berichtet[1]), dass der König den Papst, weil er seine Versprechungen nicht habe erfüllen können, habe gefangen nehmen lassen, was den Erzbischof veranlasst habe, laut seine Stimme dagegen zu erheben. Diese Annahme wird bestätigt durch das, was Otto weiter erzählt: einer der königlichen Ministerialen habe nämlich das Schwert gegen Konrad gezückt, um ihn für seine Kühnheit zu strafen und sei an der Vollziehung seiner Drohung nur durch das Dazwischentreten des Königs gehindert worden.

Es leuchtet ein, dass diese drohende Geberde von Seite eines Anhängers des Königs nicht durch den blossen Widerspruch gegen eine beabsichtigte Beraubung der Kirche an ihrem weltlichen Besitz hervorgerufen werden konnte; wir haben eben hervorgehoben, dass Heinrich über den Beifall, den seine Unterhandlungen mit Paschalis beim deutschen Episcopat finden würden, keinen Augenblick im Unklaren war, dass es ihm vielmehr nur darum zu thun war, den Papst in Widersprüche zu verwickeln, um dadurch seinen Forderungen grösseren Nachdruck zu verschaffen. Er hätte sich über der Bischöfe Opposition nicht verwundern dürfen — wie sollte daher einer seiner Ministerialen den salzburger Bischof ob seiner Gegenrede mit dem Tode bedroht haben? Dagegen gewinnt diess letztere an Wahrscheinlichkeit, wenn wir Konrad sich gegen die Gefangennehmung Paschalis II. erheben lassen. Warum diese erfolgt sei, lässt sich mit Sicherheit nicht mehr erkennen. Das Wahrscheinlichste scheint diess zu sein, dass der König den Papst mit den Cardinälen in seine Gewalt brachte, um durch Zwang zu erreichen, was auf gütlichem Wege missglückt war. Der Papst wurde der Aufsicht des Patriarchen Ulrich von Aquileja übergeben, was denselben dauernd mit Konrad verfeindete.[2]) Als die Römer von der Gefangen-

---
1) Chron. VII. 14.
2) Vita S. 9.

nahme Kenntniss erhielten, griffen sie zu den Waffen.¹) Zwei Tage währte der Kampf, am dritten führte der siegreiche König den Papst und die Cardinäle gefangen fort nach Alba. Anfangs zeigte sich Paschalis unempfänglich für die Vorschläge des Königs, dann aber, durch Gefangenschaft und schwindende Hoffnung auf auswärtige Hilfe zugänglicher gemacht, willigte er endlich in die Bedingungen Heinrichs ein. Die wesentlichen Bestandtheile des Vertrags lauteten, dass Heinrich den Papst und die Cardinäle frei lassen solle; dagegen gelobte der Papst, den König nie mit dem Banne belegen zu wollen und ihm die Kaiserkrönung und das Recht der Belehnung mit Ring und Stab zu ertheilen²).

Am 11. April fand denn auch die Krönung zu Rom statt. Nachdem sodann Heinrich den Papst und die römische Geistlichkeit reich beschenkt hatte, kehrte er nach dem oberen Italien zurück.

Anfang des Juni 1111 war auch Erzbischof Konrad nach Salzburg zurückgekehrt, wo neue Verdriesslichkeiten seiner warteten. Während seiner Abwesenheit scheint sich nämlich ein Complott gegen ihn gebildet zu haben, was bei der Strenge seiner Verwaltung allerdings nichts Befremdendes gewesen wäre. Einer der Salzburger Ministerialen, Albuin mit Namen, war nach Rom geeilt, um dort für den Sturz Konrads zu arbeiten; nur soviel ist gewiss, dass er auf dem Rückweg von dem erzbischöflichen Burg-Kastellan Friedrich von Haunsberg aufgegriffen und geblendet wurde.³) Diese ohne Vorwissen Konrads geschehene That wurde ihm von den Genossen Albuins zur Last gelegt. Sie wandten sich klagend an den Kaiser — der Erzbischof wurde nach Mainz, wo der Kaiser da-

---

1) Otto Fris. Chron. VII. 14.
2) Annalista Saxo ad a. 1111.
3) Vita §. 10.

mals gerade Hoftag hielt¹), vorgeladen. Conrad erschien vor ihm, den Hirtenstab in der Hand, sonst aber in Reisekleidern. Als er nun zur Rede gestellt wurde, sah er jeden der Herumstehenden mit musterndem Auge an und wendete sich zuletzt an den Kaiser mit den Worten: „Ich sehe Niemand, dessen Anklage oder Urtheil über mein bischöfliches oder priesterliches Amt ich annehmen müsste."²) Gleichwohl behielt Heinrich den Erzbischof einige Zeit (vielleicht bis Mai 1112) in Haft bei sich, liess ihn dann aber wieder ziehen. Seit dieser Zeit hatte er Verfolgungen aller Art zu erdulden. Dass ein Theil seiner Ministerialen sich ihm feindselig erwies, mag von der Strenge herrühren, die er bei der Wiederverleihung der Lehen ausübte; dazu kam dann noch der eben erwähnte Vorfall, der, weit entfernt die Aufregung gegen den Erzbischof zu mildern, dieselbe wegen des missglückten Racheversuches nur bis zur Leidenschaft steigerte. Aber auch die unmittelbar Untergebenen Konrads, die Mitglieder seines Domkapitels, nährten Hass gegen den energischen Neuerer.

Seit dem Römerzuge war dann zu diesen innern Gegnern auch noch der Kaiser getreten, der dem kühnen Mann sein unerschrockenes Auftreten in der Peterskirche niemals verzeihen konnte. Alle diese Umstände wirkten zusammen, um Konrad den Aufenthalt in Salzburg zu einem höchst unangenehmen zu machen. Er wünschte den Verfolgungen, die von allen Seiten auf ihn einströmten, auf einige Zeit zu entgehen. Leider ist gerade da, wo wir uns näher über die unmittelbare Ursache seiner Flucht zu unterrichten wünschen, eine Lücke in der Quellenliteratur. Dass aber diese Ursache keine geringfügige war, dürfen wir aus seinem ganzen Charakter schliessen, der nicht dazu angethan war, so ohne Weiteres vor Hindernissen zurückzuschrecken.

---

1) Ann. Hildesh. ad a. 1111 u. Ekh. ad a 1111.
2) Vita S. 10.

Einen einzigen Anhaltspunkt gibt uns ein Brief Konrads an den Herzog Heinrich von Bayern,[1]) aus dem zweiten Exil in Sachsen datirt, wo es heisst: „qui (sc. imperator) nos ad judicium non vocatos et judicio destituit et officio ac potestate spiritualium et temporalium actionum, quantum in eo est, privavit" — eine Stelle, die auf eine förmliche Verjagung Konrads durch den Kaiser schliessen lässt.

In solcher Bedrängniss wandte der Erzbischof seine Augen nach Italien. Während seines letzten Aufenthaltes daselbst hatte er Gelegenheit gehabt, die Gräfin Mathilde kennen zu lernen, eine jener seltenen Frauenerscheinungen, denen es vermöge ihrer natürlichen und geistigen Vorzüge vergönnt war, selbstständig in die Geschicke ihrer Zeit einzugreifen. Sie hatte sich mit ihrem ganzen Einfluss auf die Seite der päpstlichen Partei geschlagen, der sie Zeit ihres Lebens die treueste Freundin blieb. Sie war es, an der Gregor VII. eine materielle Stütze für seine grossen Reformen, eine ebenbürtige Geistesgenossin für seine weltumfassenden Träume gefunden hatte. Bei ihr nun suchte der bedrängte Erzbischof Anfang des Sommers 1112 eine Zufluchtsstätte.[2])

In die Zeit seines zweiten italienischen Aufenthaltes fallen jene Versuche der streng gläubigen Kirchenpartei, das päpstliche Zugeständniss in Sachen der Laieninvestitur trotz Kaiser und Papst wieder zu nichte zu machen.

Dass Konrad auch daran sich leibhaft betheiligte, dürfen wir auch ohne näher darüber unterrichtet zu sein, als feststehend annehmen; für die Nachricht[3]) des Hansiz (II. 210), Paschalis habe mit ihm in brieflichem Verkehre gestanden, habe ich jedoch in keiner gleichzeitigen Quelle eine Bestätigung gefunden.

---

1) Hansiz, Germania sacra II, 941.
2) Meiller l. c. pg. 417.
3) Hansiz l. c. II. 211.

Kaum hatte nämlich Heinrich Italien verlassen, als der Papst von einem grossen Theil seiner Prälaten bestürmt wurde, das Zugeständniss an den Kaiser als erzwungen zu widerrufen und denselben mit dem Banne zu belegen. Dazu wollte sich nun zwar Paschalis, eingedenk seines Eides, nicht verstehen, liess es aber doch geschehen, dass eine im März d. J. 1112 im Lateran versammelte Synode das Privilegium als ein dem kirchlichen Gesetze zuwider ertheiltes feierlich verwarf.[1]) Noch weiter ging die unter dem Vorsitz des Erzbischofs Guido zu Vienne abgehaltene Kirchenversammlung (1. Sept. 1112), die den Kaiser noch ausserdem mit dem Banne belegte, ja sogar den Papst mit Absetzung bedrohte, falls er ihren Beschlüssen die Bestätigung versagen sollte.[2]) Beiden Beschlüssen wurde von Seite des Kaisers natürlich keine Folge gegeben.

Da starb am 24. Juli 1115 in Castell Bondeno, nahe bei Ferrara, die Gräfin Mathilde.[3]) Sie hatte zwar schon längst alle ihre Güter der Kirche vermacht und diese Schenkung 1102 erneuert, allein der Kaiser, der, abgesehen von seiner Lehensherrlichkeit sich auf die Verwandtschaft mit der Verstorbenen stützte,[4]) eilte, allen anderweitigen Ansprüchen durch einen zweiten Zug nach Italien rasch zuvorzukommen. Die Zeit der Ruhe war für Konrad vorbei; er war genöthigt, sein Exil aufzugeben und nach Deutschland zurückzukehren. Nur wenige Tage war seines Bleibens in seiner Diöcese; hart bedrängt nahm er seine Zuflucht zum Kloster Admont in Steiermark, wo er mehrere Monate unter dem Schutze des Markgrafen Ottokar zubrachte. Diesen Aufenthalt beutete die Sage schon bald nach seinem Tode aus. In der Vita minor wird nämlich er-

---

1) Ann. Saxo. ad a. 1112.
2) Hansiz l. c. II, 211.
3) Donizonis vita Mathildis M. G. SS. XII, pg. 408.
4) Gervais, Geschichte Heinrichs V. pg. 185.

zählt[1]), der standhafte Erzbischof habe sich zuerst ein halbes Jahr in einer Höhle, sodann vier Monate in einem Keller des Klosters verborgen gehalten. Ja als ihm einmal seine Verfolger schon hart auf der Ferse waren, habe er in dem Strudel eines Flusses, bis an das Knie im Wasser stehend, einen vollen Tag ausgehalten.

Die Zeit seiner Zurückgezogenheit benützte er zu einer gründlichen Restauration der dortigen Zustände. Auf den von ihm eingesetzten Abt Wecilo war 1109 Heinrich gefolgt. Nach dessen Tode (i. J. 1112) war Admont fast vier Jahre ohne Abt geblieben[2]). Die altberühmte Discpilin war gesunken; daher schickte Erzbischof Konrad an Theoger[3]), Abt des Klosters St. Georg bei Villingen, und bat ihn um Ueberlassung des Professen Wolvold, damit er denselben, einen durch regen Eifer ausgezeichneten Mann, dem heruntergekommenen Convente zum Vorstand setzte[4]).

Aber auch hier fand der verfolgte Erzbischof die ersehnte Ruhe nicht. Er musste sich einen mächtigeren Schützer suchen, als der Markgraf Ottokar von Steiermark war. Er fand ihn in der Person des Herzogs Lothar von Sachsen, der damals an der Spitze der Opposition gegen Kaiser Heinrich stand.[5]) Nur von einem Ritter und einem Diener begleitet, flüchtete er sich mitten durch seiner Feinde Lande nach Sachsen zum Erzbischof Adalgoz von Magdeburg.

Heinrich hatte die Beschlüsse der beiden Synoden im Lateran und zu Vienne unbeachtet gelassen; dagegen führte die Gefangennahme des Erzbischofs Adalbert von Mainz, der,

---

1) Vita Gebh. §. 13.
2) Vita Gebh. §. 14.
3) Vita Gebh. l. c. Ueber Theoger vgl. Wattenbachs Geschichtsquellen S. 276.
4) Vita Gebh. §. 14.
5) Vita Chuon §. 2.

früher der vertrauteste Freund des Kaisers, sich plötzlich auf's engste an die kirchliche Partei angeschlossen hatte, sowie die Willkür, mit der Heinrich über Güter und Personen schaltete, und zunächst die Einziehung der von Pfalzgraf Siegfried beanspruchten orlamündischen Erbschaften zu einem Aufstande der sächsischen Fürsten [1]). Dieselben wurden zwar von dem kaiserlichen Heerführer, Grafen Hoyer von Mannsfeld, geschlagen (11. Februar 1113), und es erfolgte auch, namentlich bei Gelegenheit der Vermählung des Kaisers mit Mathilde, der Tochter Heinrichs I. von England, zu Mainz (7. Jan. 1114) die Unterwerfung der Rebellen. [2]) Allein der Aufstand entbrannte in Folge der Verhaftung des Grafen Ludwig von Thüringen, die der Kaiser aus Misstrauen in die Gesinnungen der sächsischen Fürsten verfügt hatte, auf's Neue und diessmal mit ungünstigem Erfolge für Heinrich, indem Hoyer am 11. Februar 1115 in der Schlacht am Welfesholze geschlagen wurde. Auch die Kirche erhob jetzt wieder ihr Haupt und machte mit den Sachsen gemeinschaftliche Sache. Päpstliche Legaten zogen umher und bannten den Kaiser an allen ihnen zugänglichen Orten.

Vergebens suchte der Kaiser einen billigen Frieden mit den Sachsen abzuschliessen; als er 1115 zu Speier das Weihnachtsfest feierte, musste er erfahren, dass sich eine grosse Anzahl geistlicher und weltlicher Grossen zu Cöln versammelt habe, um ihn auf Anregung des Cardinal Dietrich zu bannen. Da traf den Kaiser die Nachricht von dem Tode der Gräfin Mathilde. Schnell entschlossen übertrug er die Leitung der deutschen Angelegenheiten seinen beiden Neffen Friedrich und Konrad von Hohenstaufen und trat zur Besitzergreifung der mathildischen Erbschaft Anfang d. J. 1116 seinen zweiten italienischen Zug an.[3])

---

1) v. Giesebrecht l. c. pg. 810, sqq.
2) Ann. Saxo. ad a. 1114.
3) Otto Fris. Chr. VII. 15.

Unterdessen war Erzbischof Konrad unter grossen Gefahren glücklich nach Sachsen entkommen.[1]) Dort wurde er von Adalgoz und dem Bischofe Reginhard von Halberstadt freundlich aufgenommen. Beide Bischöfe hatten in dem Aufstande gegen den Kaiser eine hervorragende Rolle gespielt; Alzogo (Adelgot) war vor dem Kaiser geflohen und wurde sodann abgesetzt, nach der Niederlage Heinrich's am Welfesholze war er jedoch wieder in seine Diöcese zurückgekehrt.

Von da an finden wir den salzburger Erzbischof bei allen gegen Heinrich gerichteten Synoden und Fürstenversammlungen nächst dem Renegaten Adalbert von Mainz als das thätigste Mitglied der sächsisch-kirchlichen Oppositionspartei.

Der Kampf dauerte nach Heinrichs Abgang mit unveränderter Heftigkeit und Alles zerstörender Barbarei fort. Die beiden Parteien hatten sich in der Art gruppirt, dass Franken und Schwaben auf kaiserlicher Seite, Sachsen und die Rheinlande unter den Erzbischöfen von Mainz und Köln auf kirchlicher Seite stunden. Eine neutrale Stellung behauptete Herzog Welf von Bayern, der einestheils durch Bande der Verwandtschaft mit dem Kaiser und seinen Neffen zusammenhing, anderntheils aber auch nicht wünschen konnte, dass der Kaiser durch seine direkte Unterstützung ein erdrückendes Uebergewicht über seine Gegner erhielte.

Von den Diözesan-Bischöfen Konrads hatte sich Heinrich von Freising und Hugo von Brixen auf kaiserliche Seite geschlagen und waren desshalb, wenn auch einstweilen ohne Kraft der Ausführung, abgesetzt und excommunizirt worden.[2]) Hartwich von Regensburg schwankte. Der einzige Ulrich von Passau und etwa noch Hildebald von Gurk hielten mit ihrem Erzbischof treu zur Kirche.

---

1) Vita Chuon §§. 2 u. 12.
2) Hansiz l. c. II. ?. 13.

Indess war Paschalis II., nachdem er vor dem heranrückenden Kaiser die Flucht ergriffen hatte, am 21. Januar 1118 gestorben.[1]) An seine Stelle wählten die Cardinäle den bisherigen Kanzler Johann von Gaeta unter dem Namen Gelasius II.

Auf die Nachricht von Paschalis Tod eilte Kaiser Heinrich von Padua nach Rom, zeigte sich zuerst dem neugewählten Papst nicht ungeneigt, indem er von ihm nur verlangte, dass er sich in seiner Gegenwart einer neuen Wahl unterziehe und die Privilegien seines Vorgängers bestätige. Gelasius weigerte sich dessen und ergriff die Flucht vor Heinrich, der dafür einen seiner ergebensten Anhänger, den Erzbischof Burdinus von Praga als Gegenpapst aufstellte. Der rechtmässige Papst entkam nach Frankreich, starb aber daselbst unter den mannigfachsten Entwürfen bereits am 29. Jan. 1119.[2]) Ihm folgte, von den Cardinälen, soweit sie mit Gelasius geflohen waren, gewählt, der Erzbischof Guido von Vienne, den wir bereits als heftigen Gegner Heinrichs V. kennen gelernt haben. Noch in Gelasius' Auftrage kam Cardinal Kuno von Praeneste nach Deutschland, berief im Namen seines Herrn eine Synode nach Köln und sprach wiederholt den Bann über den Kaiser aus.[3]) Auch Erzbischof Konrad war mit unter den Theilnehmern und trug durch die Kraft seiner Rede ein Bedeutendes zu den gefassten Beschlüssen bei.[4]) Zugleich wurde zum Zwecke weiterer Auseinandersetzung eine neue Synode nach Mainz (6. Juli 1118) berufen.

Wir sind im Besitze eines Briefes, den Konrad an den Bischof Hartwich von Regensburg richtete, indem er denselben darin auffordert, sich zur Mainzer Synode persönlich einzufinden, widrigenfalls er mit ihm nach den Regeln des kanonischen Rechtes verfahren werde.[5]) Die Antwort des Bischofs ist nun in doppelter Beziehung

---

1) Jaffé Reg. Pontif. pg. 519.
2) Jaffé l. c. pg. 526.
3) Ann. Saxo ad a. 1119.
4) Vita Theogeri (M. G. SS. XII) II, 13.
5) Cod. Udalr. in Ekkard: corpus historic. med. aevi. II. 287.

lehrreich. Denn einmal zeigt die Entschuldigung Hartwichs, „es möchte ihm schwer fallen, mitten durch die Feinde hindurch unversehrt an Ort und Stelle zu gelangen", die allgemeine Unsicherheit, die in Folge des mehrjährigen Bürgerkriegs über Deutschland hereingebrochen war. Dann deutet der Bischof in dem zweiten Theil des Antwortschreibens darauf hin, dass ihm, dem Erzbischof auch durchaus keine Befugniss zustehe, als Vertriebener ihn zu einer Versammlung ausserhalb des Sprengels vorzufordern.

Ich lasse hier die beiden Briefe folgen:

„Salzburgensis ecclesiae Dei gratia Archiepiscopus H. Ratisponensis ecclesiae episcopo orationis et servitutis devotiones.

Promissione Domini Papae de legato ex ipsius latere quantocius ad nos venturo certificati gaudemus et laetamur taedio diffidentiae liberati et somno corporis excitati. Unde communicato consilio placuit Dominis et confratribus nostris Archiepiscopis Moguntino scilicet, Magdeburgensi et Coloniensi ceterisque provinciarum illarum episcopis Moguntiae II. N. Julii conventum celebrare et conprovinciales episcopos atque abbates nec non ex omni ordine Chatholicos ibidem communi admonitione atque petitione convocare. Volumus enim falsis suspicionibus obviare, quibus a sinistrae partis astipulatoribus infamamur omnem videlicet spem postposito Dei praesidio in armis materialibus posuisse. Speramus autem, spiritu sancto interveniente communi consilio omnium obtinere, ut secundum canonicas sanctiones ecclesiastica disponantur negotia, cessent arma, praedae sedentur et incendia. Monemur igitur vos per autoritatem apostolicam et debitam ecclesiae obedientiam et nostrae servitutis devotionem ut conventu nostro interesse dignemini. Omnis autem qui eidem nostro interesse voluerint conventu, summore signabimus praesuli operam dantes, ut grates eis ipse referat et nostrum servitium semper devotum habeant.

De his vero qui se subtraxerint secundum vestrum et aliorum, qui praesentes fuerint consilium nostram facere justitiam non protelabimus et apostolicae eos auctoritati canonice judicandos esse assignabimus. Proinde vocamus fraternitatem vestram, ut literis vestris Episcopo Pataviensi intimare curetis, ut quoniam infirmitatis molestia interesse praedicto conventui ipse praesens non poterit, idoneos legatos transmittere procuret."

„Reverentissime sanctae Salzb. eccl. arch. Henricus Dei gratia Ratisp. antistes tam promtam quam debitam servitutis et orationis certitudinem.

Quod speratis superventurum legitimum et certum Domini Papae legatum, per quem ponatur finis discordiae, pax restituatur ecclesiae, sciatis procul dubis, si talis venerit, neminem super ejus adventu plusquam nos gratulaturum. Longo enim disiderio certitudinis et taedio incertitudinis nos tenemur, quo Deo teste, non mediocriter fatigati sumus. Verum, dum adhuc estis in spe et nondum in re, videtur nobis durum et intolerabile, quod absque praesenti et manifesta auctoritate sedis apostolicae, cum soli concessum est a sanctis patribus generalia concilia congregare. Nos ad synodum vocatis extra terminos provinciae sub interminatione vindictae, maxime cum nobis notum sit, per medios hostes iternos habituros vel ab illis vel ab istis periculum vitae et honoris nostri subituros. Iterum igitur atque iterum promittentes consensum nostrum spiritualemque praesentiam in omnia, quae statuerit auctoritatis apostolica, rogamus „nos salva caritate excusatos esse a periculoso itinere."

Doch kam die Versammlung gar nicht zu Stande und wurde daher nach Fritzlar verlegt. Der hier gefasste Beschluss, der freilich fast nur von geistlichen Fürsten ausging: an den Kaiser die Aufforderung zu richten, sich auf der nach Würzburg zu berufenden Fürstenversammlung zur Verantwortung einzustellen, widrigenfalls er der Krone verlustig erklärt werden sollte¹) — war wesentlich auf Konrads Anregung hin zu Stande gekommen²).

Kaum aber hatte der Kaiser davon Kunde erhalten, als er die Oberleitung der italienischen Angelegenheiten seiner Gemahlin übertrug³) im Nov. 1118 unerwartet am Rhein erschien und durch Waffengewalt sich Unterwerfung zu erzwingen suchte. Indess führte dieser Weg nur zu immer grösserer Verwüstung Deutschlands, so dass endlich der Kaiser sich zu ernstlichen Schritten der Versöhnung entschloss und zu diesem Zwecke auf den September 1119 einen Reichstag nach Tribur berief, wo er unter allseitiger Theilnahme von Freund und Feind verordnete, dass einem Jeden sein Eigenthum zurückgestellt, und überhaupt ein allgemeiner Friede im ganzen Reich aufgerichtet werden solle⁴); die kirchlichen Streitpunkte sollten einer späteren, persönlichen Uebereinkunft mit Calixtus II. (so nannte sich Guido von Vienne als Papst) vorbehalten bleiben⁵).

Aber noch sollte der ersehnte Friede nicht in die heimischen Gauen zurückkehren. Die Beschlüsse der tribur'schen Versammlung blieben unausgeführt, und die mit Calixtus angeknüpften Unterhandlungen zerschlugen sich wieder. Der letztere berief auf den 10. Oktober eine Synode nach Rheims, wo neuerdings das Verbot der Laieninvestitur und der Bann gegen den Kaiser ausgesprochen wurde⁶). Erst im nächsten Jahre gelang es den vereinten Bemühungen der friedliebenden Fürsten, dem Kriege Einhalt zu thun. Auf einem Michaelis 1121 zu Würzburg abgehaltenen Reichstag wurde bestimmt⁷), dass dem Reiche das Weltliche, der Kirche das Geistliche, die Beute den Beraubten, die Erbschaften den

---

1) Ann. Saxo ad a. 1119.
2) Hansiz l. c. II. 215.
3) Ekk. ad a. 1119.
4) Ann. Saxo ad a. 1119.
5) Ann. Hildesh. ad a. 1119.
6) Otto Fris. VII. 15.
7) Ann. Saxo ad a. 1121.

berechtigten Erben, überhaupt einem Jeden sein eigenthümliches Recht zuerkannt werden sollte. An den Papst wurden Gesandte abgeschickt, um eine Kirchenversammlung zu Stande zu bringen, auf der der Streit um weltliche oder geistliche Belehnung seine Entscheidung finden sollte. Das führte zum Ziele. Im September 1122 kam man zu Worms zusammen, und es wurde nunmehr festgesetzt, dass die Wahl der Bischöfe von den Domcapiteln, ihre Bestätigung vom Papst abhängen solle, der Kaiser aber wegen ihrer weltlichen Güter und Rechte sie mittelst des Scepters zu belehnen, habe [1] Heinrich gab überdiess seinen Schützling Burdinus (Gregor VIII.) auf und erhielt von dem Papste Lossprechung vom Banne.

Ohngefähr ein Jahr vorher war Konrad in seine Diöcese zurückgekehrt; einige Schenkungsurkunden lassen darüber keinen Zweifel aufkommen [2]. Man hat die Vermuthung ausgesprochen [3] dass Herzog Heinrich von Bayern, die Markgrafen Leopold von Oesterreich und Ottokar von Steyermark mit einigen andern dem Erzbischof verwandten bayerischen Grafen Konrad dabei behülflich waren. Wenigstens ist uns ein Brief des Erzbischofs an den Herzog Heinrich IX. von Bayern erhalten worden, worin der Erstere den Herzog ersucht, ihn als getreuer Sohn der Kirche dem Kaiser gegenüber zu unterstützen, der ihn ohne Untersuchung und Urtheil gewaltsam aus Amt und Heimath vertrieben habe.[4] Auch für das freundschaftliche Verhältniss zu den beiden Markgrafen von Oesterreich und Steiermark sprechen unverdächtige Zeugen. Schon oben haben wir gesehen, wie es Ottokar war, der dem von Italien zurückgekehrten Erzbischof in Admont, innerhalb seines Gebietes, eine Zufluchtsstätte vor

---

1) Mon. Germ. Legg. II. 73. 77.
2) Meiler l. c. pg. 8.
3) Meiller pg. 118.
4) Hansiz l. c. II. 343.

den Verfolgungen des Kaisers gewährte. Zudem wissen wir, dass Kaiser Heinrich Ende März 1121 nach Bayern gekommen war und sich kurze Zeit zu Regensburg aufhielt.¹) Hier fanden sich nebst einigen bayerischen Grafen auch Herzog Heinrich und Markgraf Leopold bei dem Kaiser ein, und es mag nun von ihnen die Rückkehr Konrads in seine Diöcese vermittelt worden sein²). Vorerst aber begab sich der Erzbischof nach seinem Lieblingssitze Admont³), dem er stets seine Fürsorge in reichem Masse zugewandt hatte. Denn ihm verdankt das Kloster nicht nur die Wiederherstellung seines alten Besitzes⁴), der während der kirchlichen Streitigkeiten Gegenstand gewaltthätiger Annexion geworden war. Konrad bereicherte dasselbe auch durch eigene Schenkungen und Privilegien. Der alte Ruhm der Zucht und Frömmigkeit, der während der ersten zehn Jahre der Regierung Konrad Einbusse erlitten hatte, lebte unter der kräftigen Hand des Abts Wolvold von neuem auf, so dass in kurzer Zeit Admont wieder als Sammelpunkt gottesfürchtiger Mönche und Klosterfrauen (worunter Töchter vieler hochadeliger Familien) durch ganz Deutschland hin hervorleuchtete. Vor seinem Scheiden aus dem friedlichen Gebirgsthal liess er zum Zeichen seiner Dankbarkeit für die glückliche Rückkehr in die Heimath, das Kloster in kostbarem Material neu aufbauen.⁵) Geleitet von einer ansehnlichen Truppe unter der Führung des jungen Leopold, des Sohnes Ottokars von Steiermark, hielt er dann i. J. 1122 wiederum seinen Einzug in die alte Bischofsstadt.⁶)

Es fehlen uns alle Nachrichten darüber, was während

---

1) Meiller pg. 418.
2) Meiller l. c.
3) Hansiz II. 216.
4) Vita Gebh. §. 15.
5) Ann. Admont. ad a. 1121 u. Vita Gebh. § 28.
6) Vita Gebh. § 13.

dem Exil Konrads sich in Salzburg zugetragen. So wenig wie die näheren Ursachen seiner Flucht, eben so wenig kennen wir die Art und Weise der Verwaltung der Erzdiöcese in dieser Zeit. In Betreff des ersten Punktes sprechen die Quellen nur ganz im Allgemeinen von äusseren und inneren Verfolgungen und schreiben den Verzicht auf seine Amtsgewalt, den sie soweit als einen freiwilligen auffassen, namentlich dem Umstand zu, dass Konrad Bedenken getragen habe, mit einem excommunicirten Kaiser zu verkehren[1]). Dass diess nicht stichhaltig ist, liegt auf der Hand. In der ganzen Geschichte Heinrichs V. begegnet uns kein Beispiel einer so weit getriebenen Gewissenhaftigkeit, die speziell vom Standpunkte Konrads aus, geradezu den Eindruck des Lächerlichen machen würde, müssten wir nicht die ganze Notiz als den Ausfluss einer übergrossen Verehrung von Seite des Biographen gegen den heldenhaften Mann betrachten. Erzählt uns ja doch gerade derselbe Autor[2]), wie Konrad über das Verhältniss der kircklichen Gewalt zu der weltlichen dachte. Es war ihm zur Ueberzeugung geworden, dass die Leistung des Leheneides in die Hände des weltlichen Machthabers geradezu ein Frevel an der Heiligkeit des kirchlichen Amtes sei. „Wie können die durch das heilige Salböl geweihten Hände blutbefleckten Hände Treue geloben?" war seine offen ausgesprochene Ansicht. Standhaft verweigerte er sowohl Lothar als Konrad III. den Treueid, und als er gleich zu Anfang der Regierung des ersten Hohenstaufen auf dem regensburger Reichstag[3]) (Juni 1138) von dem Herzog Konrad von Zähringen in Gegenwart des Königs und des Fürsten aufgefordert wurde, dem Ersteren den Lehenseid zu schwören, gab er unerschrocken zur Antwort: „Herr Herzog, Ihr würdet wohl, wenn Ihr

---

1) Vita Chuon. § 13.
2) Vita Chuon. §. 5.
3) Jaffé, Geschichte des deutschen Reichs unter Conrad III. pg. 13.

ein Wagen wäret, vor den Ochsen herlaufen? Beruhigt Euch! meine und meines Königs Sache wird geregelt werden, ohne dass Ihr euch darum zu kümmern habt"; worauf der König erklärte, er fordere vom Erzbischof Nichts als dessen guten Willen.[1]) Ein Mann, der so unabhängig dachte, durfte sich in der Ausübung seiner Pflicht unmöglich durch kirchliche Massregelung des Kaisers beirren lassen.

Einiges Licht betreffs der Frage nach der nächsten Veranlassung seiner Flucht gibt der schon oben hervorgehobene Brief an den Herzog von Bayern. Der Trotz, den der kühne Mann bei Gelegenheit der päpstlichen Gefangennehmung dem Kaiser bot, war für den Letzteren Ursache genug, in dem Salzburger Erzbischof einen seiner heftigsten Gegner zu erkennen. Die blinde Leidenschaftlichkeit und Herrschsucht Heinrichs V. that noch das Uebrige, um aus Konrad einen Märtyrer der Ueberzeugungstreue zu machen. Man wende nicht ein, dass es für den Kaiser eine Nothwendigkeit war, sich in einem so bedeutungsvollen Kampfe seines Gegners mit allen möglichen Mitteln zu entledigen. In einem Streite, wo der Rechtspunkt von allem Anfang an bei Seite gesetzt wurde, und die Parteinahme nur eine Sache menschlicher Leidenschaft war, kann die Frage nach dem Rechte oder Unrechte des Einen oder Anderen überhaupt nicht aufgeworfen, geschweige denn beantwortet werden. Es war ein plötzlicher Zusammenstoss zweier Gewalten, die beide gleich gross und wirkungsreich, in diesem Sinne auch gleich berechtigt waren — keine Collision von Rechten, wo es von Anfang an Rechtsprincipien mangelte. Es war ein Compromiss, ohne innere sittliche Befriedigung der Uebereinkommenden und daher auch ohne Garantie der Dauer, ein Compromiss, der auf

---

1) Vita Chuon. § 5.

gegenseitiger Krafterschöpfung gegründet, das wormser Concordat herbeiführte. So bleiben uns für die Beurtheilung des grossen Investiturstreites, der nur der nothwendige Austrag der langen Entwicklung und der gegenseitigen Stellung der römischen Kirche einerseits und mittelalterlichen Staates anderseits gewesen ist, nur Charaktere, keine Principien zurück; und wie der Kampf wesentlich durch die grössere oder geringere Energie und Stätigkeit der Führer entschieden wurde, so schliesst sich auch unser Interesse und unsere Parteinahme immer an denjenigen der kämpfenden Theile an, der es gerade verstand, seinen Willen zur Geltung zu bringen.

Erzbischof Konrad von Salzburg ist einer von denjenigen Erscheinungen, die zu allen Zeiten der vollsten Anerkennung würdig sind. Er war ein Mann von unerschütterlicher Charaktertreue, ein Mann, den seine Zeitgenossen desshalb entweder nur lieben oder nur hassen konnten. Der erste Abschnitt seines Lebens traf mit einer Periode des Kampfes zusammen: hier hat er die Anerkennung der unparteiischen Nachwelt, dass er getreu seinem besten Wissen und Gewissen, wie ein Held focht, den auch die schärfsten Verfolgungen Heinrichs V. und seiner Anhänger nicht wankend zu machen vermochten. Einen wohlthuenden Gegensatz zu diesen Jahren des Kampfes und der Verfolgung bildete der zweite Theil seines Lebens, der von der Rückkehr in seine Diöcese bis zu seinem Tode reicht. Es ist ein reines Bild, das sich damit vor unsern Augen entrollt, ein Bild des Friedens nach langem Streite, ein Abbild der Thätigkeit überhaupt, die Legende und Geschichte den grossen Männern zuschreibt, die das Evangelium und mit ihm Cultur und Sitte unter den bis dahin in Rohheit versunkenen Völkerschaften Deutschlands verbreiteten.

Konrads Wirken in Bezug auf Herstellung von Zucht und Ordnung innerhalb seiner Diöcese war durch seine zehnjährige Abwesenheit unterbrochen worden. Der Zustand, in dem er seine Kirche nach seiner Rückkehr antraf, war wo möglich ein noch trostloserer als derjenige, der seine Energie bei Uebernahme des Erzbisthums herausgefordert hatte. „Frömmigkeit und Ehrbarkeit waren unbekannte Dinge geworden", sagt der Biograph.[1]) Vorerst liess Conrad es sich angelegen sein, mit der Einführung und Verbreitung des Instituts der regulirten Chorherrn, auf das er schon vor dem ersten Römerzug seine Aufmerksamkeit gerichtet hatte, weiter fortzuschreiten. Während seines Aufenthaltes bei Erzbischof Adelgot von Magdeburg hatte er Gelegenheit gehabt, zur Gründung eines solchen Stifts hilfreiche Hand zu leisten. Er war dem Gastfreund zur Errichtung eines solchen in Neuwerk bei Halle behülflich gewesen, indem er ihm taugliche Mitglieder ausgesucht hatte.[2]) Diesem Umstande verdanken wir es auch, dass uns in der Lebensbeschreibung des ersten Probstes Lambert einige Notizen über Konrad aufbewahrt worden sind, die sich auf das Motiv seiner Flucht und auf die Stellung zu seinen Suffragan-Bischöfen beziehen.

Um seine Domherrn, die seit undenklichen Zeiten in eigenen Häusern mit Weibern lebten, durch sein Beispiel aufzumuntern, bekannte er sich selbst zu der Ordensregel[3]). Umsonst! Er begann nunmehr damit, seine Kirche von denjenigen Säkular-Clerikern, die auf seine Pläne nicht eingehen wollten, zu säubern und an ihre Stelle von allen Seiten her Regulare zu sammeln.[4]) Bei diesem Beginne waren es vornehmlich zwei Männer, die zur Ausführung seiner Absichten hilfreiche Hand leisteten: Domprobst Hermann und Dekan

---

1) Vita §. 13.
2) Vita Lamberti primi praep. Novi operis bei Schannat, Vind. litt. 68 u. Hansiz l. c. II, 212.
3) Ann. Rich. ad a. 1122.
4) Vita Chuon. §. 13.

Hartmann. Der Letztere, der aus dem Kloster Sanct Nikolaus zu Passau stammte, wurde später (1129) Probst zu Herrenchiemsee, 1138 Vorstand der neu begründeten Stiftung Kloster Neuburg, endlich 1142 Bischof von Brixen (†1165)[1]). Die Regel der salzburger Chorherrn war die reine, augustinische: gemeinsame Mahlzeiten und ein gemeinschaftlicher Schlafsaal vereinigten die Mitglieder. Die dienenden Brüder waren bis auf vier beschränkt, zwei besorgten den Tisch, zwei die übrige Hausarbeit.[2]) Auch fügte Konrad ein gleichartiges Frauenstift hinzu. Letzteres Institut dauerte nur bis zu Konrads Tode, die Domherrn aber mussten bis zu Anfang des XVI. Jahrh. ein gemeinschaftliches Leben führen.[3])

Konrad hatte die Genugthuung, dass sein Beispiel bald auch ausserhalb seiner Diöcese Beifall und Nachahmung fand.[4]) Abt Wolvold von Admont war einer der rührigsten Nachahmer, ebenso Bischof Hildebold von Gurk; doch fanden beide weniger Widerstand als Konrad.[5])

Mitten in dieser disciplinarischen Thätigkeit wurde Konrad durch eine Fehde mit dem Herzog Heinrich von Kärnthen unterbrochen. Der Herzog hatte sich schon seit geraumer Zeit verschiedener gewaltthätiger Eingriffe in den Besitz der salzburgischen Kirche schuldig gemacht und ihr unter anderem alle ihre Besitzungen in Cividale entrissen. Nunmehr rüstete er sich, ganz Kärnthen feindlich zu überziehen und seiner Herrschaft zu unterwerfen. Bischof Hildebold von Gurk, der bei diesem Einfalle am meisten interessirt war, beeilte sich, seinem Gegner entgegenzutreten. Da er selbst nur über geringe Streitkräfte zu verfügen hatte, so wandte er sich an den damals in Bayern weilenden Erzbischof um Hilfe.

---

1) Wattenbach pg. 359.
2) Hansiz II. 217.
3) Buchner Geschichte Bayerns IV. 129.
4) Vita §. 13.
5) Vita §. 14.

Konrad kam der Aufforderung nach und rückte mit tausend Mann in Kärnthen ein. Zu ihm stiess der Bischof mit 500 Mann. Gemeinschaftlich schlugen sie ein Lager bei Grabfeld und erwarteten den Angriff des Herzogs. Als dieser aber die energischen Massregeln seiner Gegner bemerkte, gerieth er in peinliche Verlegenheit; endlich entschloss er sich nachzugeben, und schickte desshalb an den Erzbischof, um ihn um Niederlegung der Waffen zu bitten; er wolle dann am folgenden Tage in das bischöfliche Lager kommen und um Lossprechung vom Banne bitten. Darauf liess ihm Konrad melden: „In Waffen wird mein Heer dich erwarten und hiemit zeigen, dass es zum Kampf für den heiligen Rupert gerüstet ist." Wieder schickte der Herzog und liess wenigstens um Niederlegung der Feldzeichen bitten. „Du wirst dich unter den Feldzeichen zu den Füssen des Erzbischofs demüthigen", lautete die Antwort: zum drittenmale sandte Heinrich: „es möchten sich die Soldaten des höhnenden Geschreis gegen ihn enthalten". Das versprach der Erzbischof. So kam nun der Herzog in das feindliche Lager, baarfuss im härenen Gewande, warf sich reumüthig zu den Füssen Konrads und bat um Absolution.

Dieser Herzog Heinrich II., der letzte aus dem Hause der Eppensteiner, starb am 4. Dezember 1122. Ihm folgte Herzog Heinrich III., der erste aus dem Hause Spanheim-Ortenburg [1]). Derselbe setzte die Verfolgungen seines Vorgängers gegen die salzburger Kirche fort, ebenso nach dessen baldigem Tode sein Bruder und Nachfolger Engelbert [2]). Bischof Hildebold leistete mit einer kleinen Schaar Getreuer den tapfersten Widerstand. Zuletzt in der friesacher Burg eingeschlossen, vertheidigte er sich mit salzburger Unterstützung so nachhaltig, dass die Feinde die Belagerung aufhoben, zu-

---

1) Ankershofen Gesch. v. Kärnthen I. 794.
2) Vita §. 16.

vor aber um das Castell herum eine Reihe von Befestigungen aufwarfen, um den Bischof am freien Abzug zu hindern. In dieser Noth wandte er sich wieder an seinen Erzbischof, dessen Streitmacht jedoch entweder nicht sofort kampfgerüstet, oder gegen die kärthner Herren zu schwach war. So schickte er einen seiner Ministerialen, den Burgvogt Friedrich von Haunsberg, an den Markgrafen Leopold von Oesterreich, um diesen zur Unterstützung für seine bedrängten Suffraganen zu bitten[1]). Die freundschaftlichen Beziehungen Leopolds zu Konrad haben wir gelegentlich schon hervorgehoben; so sandte denn auch der Markgraf dem eingeschlossenen Bischof Geld, um sich damit loszukaufen. Nunmehr schleiften die Kärnthner die Befestigungen und zogen ab. Doch dauerte der Kampf noch längere Zeit fort, bis es endlich zu einem dauernden Frieden kam, in welchem sowohl Salzburg als Gurk seine Besitzungen wieder zurückerhielt[2]).

Eine Angelegenheit von besonderer Wichtigkeit musste es für Konrad sein, nach wiedererlangter Amtsgewalt diejenigen Suffragan-Bischöfe, die während seiner Verbannung auf kaiserlicher Seite gestanden hatten, zu züchtigen. Schon oben haben wir gesehen, dass es vornehmlich zwei waren, die sich der Partei Heinrichs V. angeschlossen hatten: Die Bischöfe Heinrich von Freising und Hugo von Brixen. Solange jedoch Heinrich V. am Leben war, durfte es der Bischof nicht wagen, executorisch gegen sie vorzugehen: es würde dies die kaum vernarbte Wunde von neuem aufgerissen haben. Zu dem waren die beiden Bischöfe so klug, sich in ihrer Amtsführung keines so groben Fehlers schuldig zu machen, dass der Erzbischof zum Einschreiten berechtigt gewesen wäre. Konrad musste sich darauf beschränken, ihren amtlichen Handlungen seine Zustimmung zu verweigern, oder

---

1) Meiller Regesten der Babenberger S. 14 u. 15.
2) Vita §. 16.

dieselben, soweit es ohne offenbare Gewalt möglich war, wieder rückgängig zu machen.

Da starb am 23. Mai 1125 zu Utrecht Kaiser Heinrich V.[1]) Konrad war unter den im August zu Mainz versammelten Wahlfürsten. Es wird uns berichtet, dass, als am Wahltage die Berathung der Fürsten durch den bekannten tumultuarischen Auftritt gestört worden war[2]), der Erzbischof von Salzburg mit Bischof Hartwich von Regensburg sich aufs kräftigste gegen die ungerechte Anmassung erklärte und namentlich verlangte, dass das Geschehene als nichtig betrachtet und mit der Fortsetzung der Berathung bis zur Anwesenheit Herzog Heinrichs von Bayern gewartet werden solle. Dennoch dürfen wir annehmen, dass ihm der störende Zufall nicht unerwünscht kam, da sein Interesse gewiss am meisten für den befreundeten Sachsenherzog, dem Anhänger und Beschützer der Kirche, sprach.

Durch die Wahl seines Gönners hatte Konrad einen mächtigen Stützpunkt gewonnen. Er säumte daher auch keinen Augenblick gegen seine schismatischen Suffraganen executorisch vorzugehen. Bei Bischof Hugo von Brixen gelang ihm dies vollständig[3]). An seine Stelle setzte er Reinbert, den Abt des Benediktiner-Klosters St. Peter zu Salzburg[4]), der ihn nach der Wahlstadt begleitet haben muss, da er noch im September daselbst geweiht wurde. Weniger glücklich war er gegen Heinrich von Freising, der aus dem Hause der Grafen von Tengling-Peilstein[5]), an einer zahlreichen, einflussreichen Verwandtschaft eine mächtige Stütze hatte[6]). Namentlich

---

1) Böhmers Regesten pg. 107.
2) Narratio de electione Loth. (M. G. SS. XII. 511.)
3) Narratio pg. 510.
4) Meiller Nro. 72.
5) Meiller pg. 423.
6) Vita S. 22.

war er mit dem Markgrafen Leopold von Oesterreich verschwägert, den Lothar schonen musste, da derselbe bei der Königswahl sich gegen ihn sehr nachgiebig gezeigt hatte. Einen weiteren Rückhalt hatte der Bischof an seinem Clerus, der damals durch hohe Gelehrsamkeit eines weit verbreiteten Rufes genoss [1]) und sich standhaft weigerte, den Bischof ohne vorhergegangenes Synodal-Urtheil aufzugeben. Meichelbeck hat einem tegernseer Codex einen Brief Konrads an die Freisinger Geistlichkeit entnommen (Hist. Fris. I. 300), der voll von Anklagen gegen Bischof Heinrich ist und schliesslich den Wunsch enthält, dass der untaugliche Hirt möge entfernt werden. Ein Versuch Konrads, in Abwesenheit des Bischofs in eigener Person bei dem Clerus für die Absetzung seines Gegners zu wirken, schlug fehl —, die Verhandlungen wurden durch tumultuarische Injurien gegen den Erzbischof unterbrochen, der Letztere musste schwer gekränkt abziehen. Beide Theile wandten sich hierauf klagend nach Rom (i. J. 1125); der Erzbischof forderte Genugthuung für die ihm zugefügte Beleidigung, die Freisinger beschuldigten den Erzbischof des ungesetzlichen Eindringens in das Bisthum, indem er geweihte Altäre zerstört [2]), Priesterweihungen für ungültig erklärt, überhaupt in die bischöflichen Angelegenheiten sich ungebührlich eingemischt habe. Die Antwort [3]) des Papstes enthielt einen Tadel für Konrad. Er solle, schrieb Honorius, seine Beschwerde gegen den Bischof im Wege Rechtens beim apostolischen Stuhle anbringen. Denn obschon derselbe unkanonisch gewählt sei, so habe er doch im vorigen Jahre bei seinem Vorgänger (Calixtus II.) Dispens erbeten und erhalten und könne daher fordern, dass seine Angelegenheit in gesetzlicher Weise untersucht werde. In jedem Falle solle er sich bis auf wei-

---

1) Vita l. c.
2) Hansiz II. 945.
3) Meichelbeck. Hist. Fris. I. 309.

teres aller Feindseligkeit gegen den Bischof und seinen Sprengel enthalten. Leider ist uns die Antwort Konrads auf dieses päpstliche Monitorium nicht erhalten. Wir sind daher auch nicht im Stande, anzugeben, wie viel Wahres an den Vorwürfen war, die ihm vom freisinger Clerus gemacht wurden. Unrichtig ist aber, was Buchner (IV. 129 Anm.), der überhaupt unserm Erzbischof nicht hold ist, angibt, dass Konrad im Zorne den nachmaligen Probst Gerhoh von Reichersberg nach Rom geschickt habe und alle Mittel angewendet habe, um Heinrich zu verderben, am Ende aber doch genöthiget worden sei, seine Exkommunikationen und Bannflüche zurückzunehmen. Aus einem späteren Schreiben des Kapitels an Konrad geht hervor, dass Bischof Heinrich gegen das Ende seines Lebens zur Erkenntniss seines Unrechts gekommen, die Aussöhnung mit ihm gesucht und hiezu die Vermittlung seines Kapitels in Anspruch genommen habe [1]). Konrad auch durch die Fürbitte der Verwandten des Bischofs bestimmt, liess dem Letzteren insofern Verzeihung angedeihen, dass er ihn von nun an ungestört seine Amtsgewalt ausüben liess [2]). Von einer innerlichen Versöhnung konnte bei dem Erzbischof freilich die Rede nicht sein [3]); das Gefühl der Entrüstung gegen das weltliche Gebahren des Freisinger Bischofs konnte er wohl äusserlich in sich verschliessen, aber niemals aufgeben. Dass der Erzbischof mit seiner Ansicht von der Lage der Dinge im Rechte war, dafür zeugt eine merkwürdige Aeusserung [4]) des Ragwin, eines Schülers von Otto, Freisings berühmtestem Bischof, der von dem Zustand des Bisthums nach dem Tode Heinrichs folgendes Bild entwirft: die Kirchengüter sind verwüstet, die Einkünfte verringert, die bischöflichen

---

1) Meich. I. 310 u. Hansiz II. 222 — 23 u. 943.
2) Hansiz II. 222. und Beil. IV.
3) Vita §. 22.
4) Meiller pg. 424.

Häuser und Schlösser verfallen und verwahrlost und was noch weit mehr zu beklagen, Zucht, Gottesfurcht und Religion aus den Klöstern und geistlichen Gemeinden verschwunden.

Nachdem nun der Grund zu einer Reform der Kirche gelegt, die Streitigkeiten mit den kärnthner Herzogen und dem freisinger Bischof beigelegt waren, wandte der Erzbischof seine Sorgfalt einer Angelegenheit zu, die schon seit längerer Zeit ihrer Erledigung harrte: ich meine die ungarische.

Dass die Einfälle der Ungarn in deutsches Gebiet etwas sehr gewöhnliches waren, wissen wir aus der Geschichte des ganzen Mittelalters. Nachdem sie in den ersten Jahrhunderten desselben ihre Beutezüge bis weit in das Herz Deutschlands hinein ausgedehnt hatten, wurden sie allmählig durch die Energie unserer grossen Kaiser Schritt für Schritt zurückgedrängt; die Einfälle erfolgten in längeren Zwischenräumen und berührten zuletzt nur noch die Grenzmarken des Reiches. Namentlich war die steier'sche Mark ihren Verwüstungen ausgesetzt. Die Quellen erzählen uns von einem solchen, im Jahre 1118 geschehenen Einfall [1]). Zwar erwiderten die Bewohner der Mark die unerwünschten Besuche und zogen ebenfalls nie ab, ohne das Land vorher gründlich verwüstet zu haben. Die Ungarn aber beschränkten sich hierauf nicht: Vieh und Menschen, Hab und Gut, Alles, was ihnen unter die Hände kam, schleppten sie mit sich fort. [2]) Konrad erwies sich auch in dieser Hinsicht als ein wahrer Wohlthäter seiner Diöcese. Noch vor dem Jahre 1127 schloss er mit König Stephan II. einen festen Frieden ab. Es war diess der erste friedliche Austrag zwischen Ungarn und der steierschen Mark, und der Erzbischof verfuhr dabei mit solcher Einsicht, dass der Abschluss beiden Theilen genehm war. Die räuberischen Einfälle erreichten damit ihr Ende — nur einmal noch, und zwar im

---

1) Ann. Rich. ad a. 1117. Ann. Mell. ad a. 1118.
2) Vita §. 18.

J. 1131, erfolgte ein solcher Plünderungszug in die erzbischöflichen Besitzungen der Steiermark. Es genügte aber eine einfache Vorstellung an den Nachfolger Stephans II., Bela II.,[1]) um einen königlichen Befehl zu erwirken, der die Zurückbehaltung der Gefangenen mit dem Verluste der Freiheit an den salzburger Erzbischof bedrohte.[2]) Von da an war Friede und mit ihm kehrte Vertrauen in die lange geängstigten Gemüther zurück. Die Mark bevölkerte sich rasch mit Colonisten und eine ganze Reihe neu angelegter Dörfer und Flecken brachte das Land zu einer bisher noch nie da gewesenen Blüthe.

Eine gleich rege Thätigkeit äusserte er in seiner Eigenschaft als Reichsfürst. Weihnachten 1127 treffen wir ihn am kaiserlichen Hofe zu Würzburg, wo Lothar die Festtage über verweilte. Hier traf die Nachricht ein, Herzog Konrad von Hohenstaufen habe sich den Königstitel angemasst[3]). Schnell entschlossen ächtete Lothar den Herzog, während Konrad mit den Erzbischöfen von Mainz und Magdeburg und anderen anwesenden Bischöfen ihn mit dem Kirchenbann belegte, den Papst Honorius II. am 22. April 1128 wiederholte und bekräftigte.[4]) Als nach des letzteren Tode (14. Febr. 1130)[5]) eine zwiespaltige Papstwahl stattfand, in der ein Theil der Wähler den Cardinal Gregor Papareschi unter dem Namen Innocenz II., der andere Theil den Cardinal Petrus Leo als Anaklet II. auf den Stuhl Petri erhob, und auf einer im Oktober d. J. zu Würzburg abgehaltenen Synode Erzbischof Walter von Ravenna als Abgesandter Innocenz II. erschien,[6]) war es vornehmlich Konrad von Salzburg, der durch die Energie, mit der er sich für Innocenz gegen Anaklet erklärte, die ganze Versammlung zur

---

1) Ann. Mell. ad a. 1131.
2) Vita l. c
3) Ann. Saxo. ad a. 1128.
4) Jaffé Reg. Pont. pg. 555.
5) Jaffé l. c. pg. 558.
6) Ann. Saxo. ad. a. 1130.

einstimmigen Anerkennung des Ersteren bestimmte. Auf dieser Synode war auch Bernhard von Clairvaux, wahrscheinlich als Vertrauensperson König Ludwig VI. von Frankreich, erschienen, und es ist von Interesse, zu erfahren, dass derselbe in einem an die Bischöfe Aquitaniens gesandten Bericht des salzburger Erzbischofs mit dem grössten Lobe Erwähnung thut.[1]) Um Innocenz von der einmüthigen Gesinnung der deutschen Geistlichkeit in Betreff seiner Wahl in Kenntniss zu setzen, schickte Lothar Konrad von Salzburg und Ekbert von Münster als Gesandte zu ihm nach Frankreich, wohin er vor seinem Gegner Anaklet geflohen war. Wir treffen die beiden deutschen Bischöfe sodann bei der von Innocenz für November 1130 nach Clairmont berufenen Kirchenversammlung und ebenso in Begleitung[2]) des Papstes auf seiner Reise nach Lüttich, wo im Frühjahr 1131 eine Zusammenkunft mit König Lothar stattfand. Hier wurde für das nächste Jahr ein Römerzug verabredet[3]) und Anaklet II. nebst den hohenstaufschen Brüdern in den Bann gethan.

Von Lüttich aus begab sich Konrad wieder in seine Diözese zurück. An dem italienischen Zuge, den Lothar im Herbste 1132 antrat, nahm er keinen Antheil. Schon während des Frühjahres war er genöthigt gewesen, die Einladung zu dem für den 29. Mai 1132 nach Fulda berufenen Reichstage abzulehnen. Wir sind nämlich im Besitze eines Briefes Lothars an seinen Schwiegersohn, den Herzog Heinrich von Bayern, in dem er ihn mit der ausgesprochenen Absicht, die Verwaltung des Reiches während seiner Abwesenheit in Italien in seine Hände zu legen, auffordert, zum fuldaer Reichstag sich einzufinden. Heinrich antwortete zustimmend mit dem Beifügen, auch Erzbischof Konrad von Salzburg werde mit ihm persön-

---

1) Hansiz II. 229.
2) Meiller Nr. 131.
3) Raumer, Geschichte der Hohenstaufen I. 224.

lich erscheinen.¹) Allein der Letztere musste seine Absicht wieder aufgeben — in einem an Lothar und dessen Gemahlin gerichteten Schreiben entschuldigte er sich unter Versicherungen unwandelbarer Treue, dass er wegen beginnender Altersschwäche der Einladung nicht nachkommen könne.²) Dagegen begegnen wir ihm wieder auf dem bamberger Reichstag im März 1135, auf dem die endliche Aussöhnung Lothars mit dem Schwabenherzog Friedrich von Hohenstaufen stattfand.³) Von Bamberg aus begab er sich mit dem Kaiser nach Merseburg zum Osterfest⁴) und dann nach Magdeburg zur Pfingstfeier, wo die Reichsfürsten einen festen Landfrieden für zehn Jahre beschworen.⁵) Auch im nächsten Jahre verweilte er am Hofe in Merseburg.⁶)

Als nach dem Tode Kaiser Lothars (1137) eine neue Wahlversammlung ausgeschrieben wurde, betheiligte sich Konrad nicht daran. Nachdem dann der hohenstaufische Konrad gewählt wurde, sprach des Erzbischofs Interesse freilich mehr für Heinrich von Bayern, doch war er einsichtsvoll und friedliebend genug die vollendete Thatsache anzuerkennen und nicht durch Widerspruch abermals einem Bürgerkrieg Vorschub zu leisten.

Wie wichtig es dem neugewählten König erschien, diesen einflussreichen Mann zu gewinnen, ersehen wir aus einem Briefe, den er unmittelbar nach dem bamberger Reichstag, auf dem der Erzbischof ausgeblieben war, an diesen richtete. Im Eingang drückt er sein tiefes Bedauern über Konrads Nichterscheinen aus, dann fährt er fort: „Das Neue unserer Würde legt uns viele Lasten auf, Eure hohe Einsicht ist uns daher ganz besonders nöthig. Wir schätzen Euer ehrfurcht-

---

1) Hansiz II. 233.
2) Meiller Nr. 147.
3) Ann. Saxo ad a. 1135.
4) Meiller Nr. 156.
5) Annal. Saxo l. c.
6) Böhmer l. c. pg. 13.

gebietendes Alter, Eure Kenntnisse, Euern würdigen reinen Charakter, der Uns für alle privaten und öffentlichen Angelegenheiten ein sicherer und treuer Berather sein sollte." Schliesslich bittet er ihn, er möchte sich auf den am Tage Johannis des Täufers zu Regensburg stattfindenden Reichstage einfinden.¹)

Als getreuer Anhänger Lothars hatte es Konrad nicht sofort über sich bringen können, dem Gegner desselben sich anzuschliessen. Seit langen Jahren bestand ein auf Achtung gegründetes freundschaftliches Verhältniss zu Lothar und seinem Schwiegersohn, dem mächtigen Welfenherzog und Gegner Konrads. Dazu kamen die Beziehungen des Erzstifts zu dem Herzogthum Bayern, die durch eine rückhaltslose Hingabe an den Hohenstaufen offenbar Schaden gelitten hätten. Dass der Erzbischof aber doch schliesslich nachgab und der Einladung nach Regensburg folgte, dürften wir ausser seiner bereits hervorgehobenen Friedensliebe namentlich dem Umstande zuschreiben, dass Papst Innocenz II. sich unbedingt zu Gunsten des Hohenstaufen erklärt, ja dessen Wahl sogar befördert hatte²) — Grund genug für unsern dem Papste unbedingt ergebenen Konrad, der gleichen Auffassung zu huldigen.

Das war das letzte Auftreten Konrads in Reichsangelegenheiten; seitdem finden wir die Spuren seiner Thätigkeit nur mehr innerhalb seiner Diözese, hier freilich in ungeschwächter Kraft und Frische. Mit- und Nachwelt ist über diese Seite seines Wirkens einig. Während es ihm nicht vergönnt war, in die Geschicke unseres weiten Vaterlandes nachhaltig einzugreifen, indem die ganze Stellung der Parteien eine viel rücksichtslosere, gewaltthätigere Hand erforderte, um sich überhaupt geltungsvoll behaupten zu können, dürfte es wohl kaum

---

1) Meiller Nr. 197.
2) Raumer I, 234. 35.

zu viel gesagt sein, wenn wir behaupten, dass Konrads Thätigkeit nach Innen bis auf den heutigen Tag segensreich nachwirkend war. Es würde die Grenzen dieser Arbeit bei weitem überschreiten, wollte ich bei der Schilderung seines bischöflichen Wirkens in's Einzelne eingehen. Vieles hat ohnedem seine weitere, oft auch seine spezielle Bedeutung verloren. Aber es hiesse hinwiederum nur ein Bild im Umrisse zeichnen, würden wir nicht wenigstens das Hauptsächlichste daraus hervorheben.

Ueber den Zustand des Erzbisthumes und insbesondere der Diöcese Salzburg zur Zeit der Ernennung Konrads haben wir schon oben des Weiteren gesprochen, auch davon, wie es seine vornehmste Sorge war, die gänzlich verfallene Zucht in seiner Kirche und in den Klöstern seines Sprengels wiederherzustellen. „Die Kirche, die er aller Zucht, Religion und Ehrbarkeit baar und ledig fand, brachte er durch seinen Eifer zu einer solchen Höhe, dass sie bald durch alle Vorzüge glänzte und ihre Lichtstrahlen über den genzen Erdkreis verbreitete" — rühmt in überschwenglichen Ausdrücken der Biograph [1]). Noch erzählt derselbe zur Bekräftigung seiner Angabe [2]), dass König Konrad, als er i. J. 1149 das Pfingstfest zu Salzburg feierte, erklärt habe, ihm sei niemals ein so würdevoller, wohlanständiger Klerus zu Gesicht gekommen, als der salzburger, und als er bereits wieder das salzburger Gebiet hinter sich hatte, gegen seine Begleiter laut das gut gepflegte Land, die wohlgearteten und zufriedenen Einwohner gerühmt habe. — Es war namentlich die Einführung des Ordens der regulirten Corherren nach der Regel des heiligen Augustin, die auf den sittlichen Zustand der ihm untergebenen Welt- und Klostergeistlichen wohlthätig einwirkte. Der Bio-

---

1) Vita §. 1
2) Vita §. 17.

graph erzählt uns ¹), welche grosse Mühe dies dem Erzbischof seinem widerspänstigen Klerus gegenüber gekostet habe, der unter Berhtolds nachlässiger Regierung frohe Tage gehabt haben mag. In diesen Regularen zog er sich einen tüchtigen Nachwuchs heran, der von gleich eifriger papistischer Gesinnung des Meisters strenge Grundsätze weiter fortpflanzte. Seine Energie brachte es bald dahin, dass bei allen Kirchen des ganzen Erzbisthums nur Mönche oder regulirte Kanoniker angetroffen wurden ²) So sehen wir unter anderm seit 1121 zu Weyarn an der Mangfall, zu Högelwerd und St. Zeno, in Berchtesgaden, zu Au und Gars am Inn, zu Suben und Raneshofen, auf Herrenwerd im Chiemsee regulirte Chorherren eingeführt. Einen eifrigen Nachahmer fand er in seinem Suffraganen Hildebold von Gurk. Dieses Gurk (in Kürnthen gelegen) war ursprünglich ein Kloster gewesen, das eine Gräfin Hemma gestiftet hatte. Als weiterhin das klösterliche Leben in Verfall gerathen war, wurde es in ein Säkular-Canonikat umgewandelt. Im J. 1072 erhob es Erzbischof Gebhard zum Bisthum. Bald nach Beendigung der Fehden mit den kärnthner Herzogen wurde auf des Erzbischofs Betriebe bei den bis dahin säkularen Chorherren des gurker Bisthums die augustinische Regel eingeführt. Das weltliche Besitzthum dieser Kirche war während der Kriegswirren in Verfall gerathen. Durch Konrads Bemühung wurde nicht nur der alte Bestand wieder hergestellt, sondern auf sein und Hildebolds Gesuch von Kaiser Lothar durch eine Urkunde vom 18. Okt. 1130 garantirt ³). Neun Monate später (17. Juli 1131), wies sodann Konrad, was bisher noch nicht geschehen war, dem Bisthum mit Rath und Beihülfe erfahrener Männer die Grenzen seiner Diöcese an ⁴). Nach

---

1) Vita §. 14.
2) Vita §. 13.
3) Meiller N. 120.
4) Meiller N. 133.

weiteren dreizehn Jahren ordnete er auch noch das bischöfliche Zehntrecht¹), so dass nunmehr die gurker Kirche sich einer ruhigen Sicherheit erfreuen konnte.

Am 4. Mai 1127 brannte zu Salzburg die Domkirche des heil. Rupert ab.²) Durch eine reiche Beisteuer³) Königs Stephan II. von Ungarn wurde es dem Erzbischof möglich gemacht, sie am 24. Sept. d. Js. bereits wieder einweihen zu können⁴). In neuer schönerer Form erhob sie sich, mächtige Thürme stiegen zum ersten Male neben dem Portale auf. Die nächsten Jahre benützte der Erzbischof ausserdem zu vielfacher Verschönerung und Ausschmückung der innern Theile. Hohe Fenster wurden zwischen den Pfeilern angebracht, und die Wände mit von Gold strahlenden Malereien bedeckt. Der Kirchenschatz, der unter Perhtold verschleudert worden war, wurde wieder auf seinen alten Ruhm gebracht⁵).

Unter den Profanbauten Konrads ist in erster Reihe der Bau der Burg von Salzburg zu nennen, der vom Erzbischof Gebhard begonnen, von ihm in einer Weise vollendet wurde, dass er der damaligen Zeit als uneinnehmbar galt. Noch heute sind diese ältesten Theile bemerkbar, wenn freilich der zur herrlichsten Aussicht geeignete Bau seinen Typus erst im 17. Jahrhundert durch den Erzbischof Paris, Grafen von Lodron, erhielt. Auch die erzbischöfliche Residenz rührt in ihrer ältesten Gestalt von Konrad her, wurde aber ebenfalls in späteren Jahrhunderten vielfältig erneuert.

Eine zweite Stätte seiner Bauthätigkeit ist Friesach in Kärnthen. Der Ort war früher nur ein Castell auf dem rechten und, einem Dorf an dem linken Ufer des Metnitzbaches. Als dieses Dorf im Verlaufe der Fehden

---

1) Meiller N. 265.
2) Ann. S. Ruperti ad a. 1127.
3) Vita §. 19.
4) Ann. S. Rup. N. 67.
5) Vita §. 19.

mit den Kärnthner Herzögen zerstört worden war, verlegte Konrad nach Beendigung derselben den Ort Friesach vom linken auf das rechte Ufer unter das Castell, umgürtete ihn mit Mauern und Thürmen und erhob ihn zu einer Stadt.[1]) Sodann rührt von ihm her die Erbauung des Schlosses Werfen und der Zillerburg im heutigen Zillerthal. Diese Bauten setzt ein ortskundiger Autor in die Jahre 1125—1130 [2]). Einer späteren Zeit (1130—1147) gehört nach demselben die Erbauung der Schlösser Leibnitz an der Mur, Pettau an der Drau und Reichenburg an der Sau an [3]). Die Lage der drei letztern Punkte lässt mit ziemlicher Sicherheit vermuthen, dass sie nach dem Friedensschlusse mit den Ungarn errichtet worden waren, um für alle Fälle gegen die räuberischen Einfälle besser geschützt zu sein.

Burg Hohenburg auf dem Weilhart im Innviertel erhielt Konrad von dem Bischof Altmann von Trient abgetreten [4]), ebenso die Probstei St. Lambert zu Suben, wo er sodann die augustinische Ordensregel einführte [5]).

Die Probstei Reichersberg, deren sich der Erzbischof sofort nach seinem Amtsantritt sorgfältig angenommen hatte, verfiel während Konrads Exil wiederum in den alten Zustand zurück. Das Kloster verödete, der von Konrad eingesetzte Abt Berwin wurde genöthigt, heimlich nach Sachsen zu entweichen.[6]) Nach seiner Rückkehr legte der Erzbischof auch hier seine sorgende Hand an's Werk, baute das Kloster neu auf, stattete es mit Gütern aus und führte das canonische Leben

---

1) Vita §. 16. u. 20.
2) Meiller pg. 433.
3) Vita §. 20.
4) Meiller N. 233.
5) Mon. Boica IV. 523.
6) Ann. Richersp. ad annum 1116.

ein.¹) Schon im Jahre 1126 erfolgte durch ihn die Einweihung der neuen Kirche.²) Merkwürdig ist dieser Ort namentlich durch Propst Gerhoh, den Konrad i. J. 1132 nach der freiwilligen Resignation Gottschalks auf diese Stelle befördert hatte.³) Früher ein Anhänger der kaiserlichen Partei in dem grossen Kampf mit der Kirche wandte er sich später auf die entgegengesetzte Seite und wurde einer der Hauptvertreter der strengen ascetischen Richtung, der die Verbreitung der augustinischen Regel eine Angelegenheit des Herzens war. Er gehörte mit zu den wenigen Männern, denen Erzbischof Konrad ein unbedingtes Vertrauen schenken durfte, weil in ihm die nämlichen Grundsätze massgebend waren, die Konrad sein ganzes Leben hindurch leiteten. Gerhoh gehört zu den fruchtbarsten Schriftstellern seiner Zeit;⁴) für uns hat er besonders dadurch Interesse, weil von ihm die ersten Anfänge der Annalen seines Klosters herrühren, eine wichtige Quelle für die Geschichte des salzburger Sprengels. — Auch diesem Kloster wandte Konrad reiche Schenkungen aus dem Grundvermögen der salzburger Kirche zu.⁵)

Von eigenen Stiftungen rührt von Konrad her die Propstei Herren-Chiemsee. Es wurde die augustinische Regel eingeführt, die Propstei mit salzburger Kirchengut dotirt, eine Schenkung, die aber nur so lange gelten sollte, als die Canoniker an dem Regularleben festhielten.⁶) Sodann war Konrad durch eine Reihe von Stiftungen in den Stand gesetzt, verschiedene Propsteien und Klöster in's Dasein zu rufen. Aus dem Jahr 1125 datirt die Stiftung der Propstei Au (im heutigen Landgerichtsbezirke Haag in Oberbayern). Die Schenkung rührte von Kuno von Meglingen, des-

---

1) Ann. Rich. ad a. 1121 u. 1122.
2) Ann. Rich. ad a. 1126.
3) Ann. Rich. ad a. 1132.
4) Wattenbach p. 363—65 u. Hansiz II. 228.
5) Meiller N. N. 179 und 259.
6) Meiller N. N. 87—90.

sen Gemahlin Hildegard und Mutter Richild her, die einige Güter zur Dotirung der Propstei abgegeben hatten¹), zu denen i. J. 1129 Konrad aus eigenem Vermögen Einiges hinzufügte.²) Die Gründung der regulirten Propstei Baumburg wurde durch eine Schenkung des Grafen Berengar von Sulzbach ermöglicht, der hiemit ein frommes Gelübde seiner Gattin erfüllte. Ausser verschiedenen Dotationsgütern übergab er ihr auch die Sct. Martinskirche zu Berchtesgaden sammt der daselbst befindlichen Cella für Säculargeistliche. Nach seinem Tode musste Baumburg auf Anordnung Konrads die Kirche und Cella herausgeben: er bildete daraus die Probstei Berchtesgaden (circa 1136).³) Auch hier wurde die augustinische Regel eingeführt, was aus einem Schreiben Papst Innocenz II. an Konrad hervorgeht, worin er die an ihn gestellte Bitte der berchtesgadener Regularen um Wiederumwandlung in Säcularkanoniker abschlägig bescheidet und den Erzbischof auffordert, mit aller Strenge des Gesetzes gegen die Widerspänstigen einzuschreiten.⁴) Eine vierte Stiftung dieser Art war die des Cisterzienserklosters Raitenhaslach (im jetzigen Landgerichtsbezirke Burghausen in Oberbayern). Der ursprüngliche Sitz des Klosters war der von Wolfker von Tegernwach i. J. 1143 geschenkte Ort Schutzing; 1146 wurde dasselbe mit Bewilligung des Stifters nach Raitenhaslach verlegt und dabei vom Erzbischof mit einigen andern Gütern dotirt.⁵) Eine weitere Stiftung aus dem Jahre 1138 war die des Cisterzienser-Klosters Rein durch die Markgräfin Sophia, Wittwe Leopolds von Steiermark.⁶) Durch eine Schenkung Adelrams von Waldeck entstand ferner i. J. 1140 eine Propstei von Augu-

---

1) Meiller N. 75.
2) Meiller N. 112.
3) Meiller N. 130.
4) Meiller N. 195.
5) Meiller N. N. 247 u. 279.
6) Meiller N. 193.

stiner-Chorherrn zu Feustritz.¹) 1143 wurde das Stift nach Seckau verlegt.²) I. J. 1134 endlich übernahm Konrad das vom Grafen Bernhard gestiftete Cisterzienser-Kloster Dictering.³).

Seinen reichen Wohlthätigkeitssinn bethätigte er ausserdem durch Gründung von Hospitälern. In die Zeit von 1110 bis 1112 fällt die Gründung des Hospitals zu Sct. Johann dem Täufer in Salzburg, wozu Konrad ein bereits früher von ihm erbautes Armenhaus verwendete.⁴) Später, ungefähr um 1125, trat eine zweite ähnliche Stiftung in Friesach zur Beherbergung und Unterstützung armer Reisender in's Leben⁵) Diese Anstalten kamen gewiss einem tiefgefühlten Bedürfniss der Zeit entgegen: ihre Leitung war der Obsorge geistlicher Corporationen anvertraut, z. B. das friesacher dem Kloster Admont.

Des Erzbischofs Aufmerksamkeit wandte sich sogar solchen Gebieten zu, für die der mittelalterliche Staat sonst eben kein allzugrosses Interesse hatte: in seinen Urkunden begegnen wir nemlich mehrmals⁶) Vorkehrungen und Massnahmen für Erleichterung und Sicherstellung des Verkehrs in der Richtung nach dem Lande unter der Enns.

Seine Sorge für das Kirchenvermögen erhellt namentlich aus der Strenge, mit der er die bischöflichen Zehnten beitrieb oder sie wenigstens in ihrem Rechtsbestand zur Anerkennung brachte: denn die Einlieferung derselben war vor ihm fast zur Illusion geworden⁷), ein Missland, dem er energisch entgegentrat, wenn er auch nicht ganz verhindern konnte, dass der faktische Besitz unter dem

---

1) Meiller Nr. 217.
2) Meiller N. 240.
3) Meiller N. 246.
4) Meiller N. N. 43. 60. 97.
5) Meiller Nr. 86.
6) Meiller N. N. 105. 124. 149.
7) Vita §. 21.

Titel eines Benefiziums in anderen Händen blieb. Man kann sich diesen durch eine lange Gewohnheit eingewurzelten Zustand unschwer denken; genug, wenn es hier dem Einzelnen gelang, wenigstens den Rechtspunkt sicher zu stellen. Dazu sollte ihm namentlich eine Zusammenkunft mit dem Patriarchen Pilgrim von Aquileja dienlich sein, die i. J. 1136 zu Villach stattfand ¹). Hier überliess er nämlich aus freien Stücken dem Lezteren den Zehnten von allen seinen Besitzungen im Patriarchate, bestätigte dies durch eine Urkunde und schloss Friede und Freundschaft mit ihm auf ewige Zeiten ²). Diesem Beispiel des Erzbischofs folgten auch die übrigen im Patriarchat Begüterten.

Diese wenigen Andeutungen mögen genügen, um die in vielfacher Hinsicht reformatorische Thätigkeit dieses im Kleinen und Grossen gleich ausgezeichneten Mannes hervorzuheben. Dankbar erkannten seine einsichtsvollen Zeitgenossen seine hohen Verdienste an: dies geht aus keinem Umstand klarer hervor als aus dem abschlägigen Bescheid Papst Innocenz II. an den sich Konrad i. J. 1137 mit der Bitte wandte, ihn seines Amtes zu entheben, damit er sich für die noch übrige Zeit seines Lebens in ein Kloster zurückziehen könne ³). Es kann dieser auffallende Entschluss keinem andern Motiv zugeschrieben werden, als dem Wunsche, nach so vielfacher Anstrengung der wohlverdienten Ruhe zu geniessen. Im Jahre 1137 waren es 30 Jahre gewesen, seit Konrad das Erzbisthum übernommen hatte. Wenn wir sein Geburtsjahr um 1075 ansetzen, so mag er damals im Alter von 60—65 Jahren gewesen sein. Welchen Bedrängnissen und Verfolgungen Konrad vom Jahre 1112 an bis zum Abschluss des wormser Concordats ausgesetzt war, mit welcher bewunderungswürdigen Thatkraft er seit dem

---

1) Meiller pg. 434.
2) Vita §. 21.
3) Vita §. 22.

Jahr 1122 dahin gearbeitet, die in argen Verfall gerathenen Zustände seiner Diöcese zu heben, belehrt uns ein einziger Rückblick auf dessen bisher verzeichneten Lebenslauf. Jetzt nach mehr als dreissigjährigem Wirken mochte er glauben die Fortsetzung der Arbeit, die er so viel versprechend begonnen hatte, jüngeren Kräften übertragen zu dürfen. Er schickte daher seinen Suffraganen Reginbert von Brixen an Papst Innocenz mit der oben erwähnten Bitte, ihn seines Amtes zu entlassen. Allein der Papst, dem es am Herzen liegen musste, einen so ausgezeichneten Mann der Kirche zu erhalten, schlug die Bitte ab [1]) und gewährte nur dies, dass es Konrad unbenommen sein solle, die erzbischöfliche Verwaltung an einen stellvertretenden Suffraganen zu übertragen. Und in der That treffen wir von nun an auf eine Art Administrations-Verwesung in der Person des Bischof Roman von Gurk [2]), der auch in fast allen Urkunden, die nach diesem Jahre ausgestellt sind, neben dem Erzbischof als Zeuge erscheint.

Noch zehn Jahre setzte Konrad auch so seine unermüdliche Thätigkeit fort — nirgends eine Spur von bedeutendem Nachlass der Kräfte, den Umstand ausgenommen, dass er sich seit der Erwählung König Konrad III. von allen Reichsgeschäften fernhielt. I. J. 1146 treffen wir ihn noch einmal in Friesach [3]). Hier fühlte er sein Ende nahen, und da er wünschte, sein Leben in Salzburg zu beschliessen, so trat er mit Eintritt der besseren Jahreszeit die Rückreise dahin an. Allein es sollte ihm nicht vergönnt sein, die Stätte seines Wirkens lebend zu erreichen. Gleich seinem Freunde Lothar wurde er mitten auf der Reise zur Heimath an einem unbekannten Orte des Lungaus am 9. April 1147 vom Tode

---

1) Meiller N. N 196. 225.
2) Meiller N. 193.
3) Meiller N. 287.

ereilt[1]) Die Worte: quia sine querela de hac vita transire desidero, mit denen er sein letztes Geschenk an die Abtei Sankt Peter begleitet hatte[2]), waren rasch in Erfüllung gegangen. Der Leichnam wurde nach Salzburg zurückgebracht und in der Metropolitan-Kirche Sankt Rupert bei dem Altare der 11000 Jungfrauen zur Erde bestattet[3]).

---

1) Continuatio Admont. ad a. 1147.
2) Meiller N. 286.
3) Meiller pg. 447.

Beilagen.

I. Ueber den Verfasser der Vita Chuonradi
(Mon. Germ. SS. XIII, p. 63, 399).

Wo und von wem die Lebensbeschreibung des grossen Erzbischofs Konrad von Salzburg geschrieben wurde, darüber sind nur Vermuthungen gestattet. Ueber die Person des Autors sind zwei verschiedene Ansichten bekannt geworden. Die eine rührt her von Bernhard Pez, dem Herausgeber des „Thesaurus anecdotorum novissimus" und der „Scriptores rerum Austriacarum", der auch zuerst diese Biographie veröffentlicht hat. Er schliesst aus der Bekanntschaft des Autors mit den Verhältnissen des Klosters Raitenhaslach auf seine Identität mit dem dortigen Abt Gerhoh. Diess widerlegt sich einfach dadurch, dass die Biographie erst nach dem 1153 erfolgten Tod Gerhohs geschrieben worden ist.

Mit allen Mitteln der jetzigen Kritik spürt dagegen Meiller der Frage nach. Ich setze seine ganze Ausführung (Reg. Arch. Sal. pg. 412) her. Er sagt: „Mit Berücksichtigung des Umstandes, dass der Verfasser der vita major ein gelehrter, seine Aufgabe in vorzüglicher Weise lösender Mann gewesen sei, möchte ich es als eine Vermuthung aussprechen, derselbe sei Abt Irimbert von Admont gewesen. Von ihm wird uns nämlich in Mon. Germ. SS. XIII pg. 48 erzählt, er sei i. J. 1171 „aetate pene decrepitus" zum Abte von Admont gewählt worden und habe diese Würde $5^1/_2$ Jahre bis zu seinem Tode bekleidet.

„„Scripsit hic in libros regum quatuor opus arduum aeluculentissimum, similiter in librum judicum et Ruth egregie commentatus est"" — wozu Wattenbach noch bemerkt: „et hujus et aliorum ejus operum quorum partem B. Pez in Thes. Anec. II ac VI edid. 4. codices elegantissime scripti in Bibliotheca Admontensi servantur." — Der Autor der Vita major war nun zur Zeit ihrer Verfassung (welche, wie ich weiter unten zeigen werde, um das Jahr 1175 fällt) ein hochbejahrter Mann. Er sagt im Cap. 18 der Vita von sich selbst, dass er nach dem Einfalle, welchen die Ungarn i. J. 1131 in Steiermark gemacht, vom Erzbischof Konrad als Abgesandter an den König von Ungarn geschickt worden sei, eine Sendung, für welche ein Mann unter dreissig Jahren sicher nicht ausgewählt worden wäre. Diess zugegeben würde also der Verfasser der Vita major i. J. 1176 beiläufig 76 Jahre alt gewesen sein, ein Alter, das ganz auf Abt Irimbert passt, welcher i. J. 1171 aetate pene decrepitus zum Abte gewählt worden und 1176 „in senectute bona" gestorben war. — Diess angenommen liesse sich auch der Umstand in ungezwungener Weise erklären, dass die Lebensbeschreibung unvollendet geblieben ist. Sie reicht — einzelne wenige Ausführungen über Ereignisse späterer Jahre abgerechnet, in ihrem Hauptgang nicht über das Jahr 1138 hinaus und bricht in allen Handschriften mitten in einem Satze ab. Unter obiger Voraussetzung liegt nämlich die Annahme gewiss nahe, dass der Tod des Verfassers die Vollendung seiner Arbeit, welche er ohnehin erst im hohen Greisenalter begonnen, verhindert habe."

Man wird gestehen müssen, dass die soeben vorgetragene Vermuthung Vieles für sich hat: nur durfte Meiller zur Begründung derselben nicht auf die gelehrte Bildung des Verfassers hinweisen, die auch in seinem Werke über Erzbischof Konrad ersichtlich hervortritt, da ich wenigstens von Gelehrsamkeit wenig, von Bildung fast nichts entdeckt habe: man müsste denn das als Gelehrsamkeit gelten lassen wollen, dass der Autor sich eine ganze Reihe der gröbsten Irrthümer zu Schulden kommen liess — ein Umstand, welcher noch auffälliger wird, wenn man die genauen Beziehungen, in denen der Verfasser unzweifelhaft zu Konrad gestanden hat, in's Auge fasst. Was ferner die sogenannte hohe Bildung desselben betrifft, so braucht man sich keineswegs einer Hineintragung moderner Grundsätze in das Gebiet mittelalterlicher Geschichtschreibung schuldig zu machen, wenn man behauptet, dass diejenige Art des Erzählens, die unser Autor sich angeeignet hat, doch eine sehr rohe ist. Da ist keine Spur einer Gliederung des Stoffes, keine chronologische oder systematische Ordnung, keine Charakteristik der handelnden Personen, kein auch nur leiser Versuch einer psychologischen Entwicklung des Helden. Ganze Seiten sind mit frommen Betrachtungen oder pathetischen Deklamationen angefüllt, die für den Forscher von gar keinem Werthe sind, ihn vielmehr nur schmerzlich bedauern lassen, dass eine so günstige Gelegenheit der Nachwelt wirklich Interessantes mitzutheilen, in so nutzloser Weise vergeudet worden ist.

Soll ich schliesslich meine Ansicht über diesen streitigen Punkt mittheilen, so geht dieselbe kurz dahin, dass die Biographie in Salzburg geschrieben ist, weil erstens die Handschriften sich in Salzburg befanden, während in Admont, das doch sonst im Besitze einer reich ausgestatteten Bibliothek ist, davon nichts vorgefunden wurde, und zweitens die nach 1181 in Admont geschriebene Vita minor keine Spur von Benützung der älteren Lebensbeschreibung zeigt.

Auf festeren Füssen stehen wir in Betreff der Frage nach dem Zeitpunkt der Abfassung. Die Vita major enthält einige Daten, durch welche sich die Zeit ihrer Abfassung ziemlich genau bestimmen lässt. Es wird im Cap. 14 der Unannehmlichkeiten Erwähnung gethan, welche Erzbischof Adalbert von Salzburg (1168—1177) bisher auszustehen gehabt habe: „Quanta mala sustinuerit vel quanta adhuc sustineat in propatulo est videre et cognoscere" — eine Bemerkung, die, wie Meiller sagt (l. c. p. 412), auf die Zeit vor 1172 keine Anwendung findet, ja eigentlich erst von 1174 an zulässig erscheint. Sodann die Stelle im Cap. 16, wo Herzog Heinrich II. von Oesterreich, welcher am 13. Januar 1176 starb, als noch lebend bezeichnet wird: „quid adhuc superest et ducis nomine pollet." Die Abfassung fällt somit in die Jahre 1172—1177.

Weiteres über Person des Verfassers und Ort der Abfassung s. Meiller l. c. S. 412 und Wattenbach in der Vorrede zu der Ausgabe der Vita major.

II. Ueber Konrads Abstammung.

Die Abstammung des berühmten Erzbischofs ist eine streitige. Der Biograph desselben erzählt im ersten Capitel seiner Schrift, Konrad sei der Sprosse eines berühmten bayerischen Geschlechtes gewesen, und giebt hierauf einige genealogische Notizen, die es allerdings wahrscheinlich machen, dass Konrad nicht der Familie der Abenberger, sondern der Abensberger angehört habe. Er erwähnt nemlich einen Otto den Aelteren, einen Sohn des Bruders seiner Mutter, als Burggrafen von Regensburg und einen Enkel seiner Mutterschwester, einen Grafen Heinrich von Lechsgemünd, beides Familienverbindungen, die eher auf die bayerischen Grafen von Abensberg hinweisen.

Auf diese Argumente gestützt, erklärt sich Meiller (l. c. p. 413) für die abensbergische Abstammung des Erzbischofs. Allein an der gleichen Stelle (cap. 1) spricht der Biograph auch von einem Bruderssohn Konrads, einem Grafen Rapoto von Abinperch, Vogt des Bisthums Bamberg, eine Notiz, die uns vielmehr auf die fränkische Grafschaft Abenberg hinweist. Dieser Vogt Rapoto wird auch als Mitstifter des Klosters Heilsbronn bei Ansbach erwähnt [1]) und zwar mit der ausdrücklichen Benennung „Abenberg." Eine Verwechslung der beiden Namen ist allerdings leicht möglich und in der Geschichte unzählige Male vorgekommen (Meiller l. c.): sollte aber dennoch die consequent festgehaltene Bezeichnung der Quellen bei Erwähnung des Erzbischofs „Abinperch, Ambimperch und Ambinberch" nicht eher auf Abenberg als Abensberg schliessen lassen?

Die Fabelgeschichte, die in cap. 1 der Vita major von den Ahnherrn Konrads, Babo und seinen 30 Söhnen mitgetheilt wird, gibt keinen quellenmässigen Entscheid: denn erst Aventin verpflanzte, durch die Namensähnlichkeit und die bessere Bekanntschaft mit dem bayerischen Abensberg verleitet, den Helden der Fabel nach seinem Geburtsort. Zur Begründung stützt er sich dabei auf zweierlei: denn einmal merkt das Nekrologium des Abensberg so nahe gelegenen Klosters Weltenburg zu III. Nonas Martii „Pabo comes cum 30 filiis et 7 filiabus" an, und alsdann erzählt Aventin: „In meiner Heymat Abensperg helt man noch alle Jahr einen Jahrestag und Besingnus diesem Grafen Babo und opfert männiglich, es gehen alle Bürger in die Kirchen dem Grafen zu Ehren und ewiger Gedächtnuss." Auf der einen Seite steht also der Erzbischof als Abenberger da, auf der andern ein Ahnherr desselben als Abensberger. Zur Vermittlung dieses Widerspruches bleibt nur ein Ausweg offen, der, dass man Konrad mütterlicherseits von dem Hause der Abensberger abstammen lässt.

---

1) Falkenstein: Antiqu. Nordgav. IV. 20.

III. Ueber Reg. 58 in Meiller: Reg. Arch. Salisb.

Diese Stelle ist es, die, wie ich glaube, einiges Licht in eine seit langer Zeit streitige Sache bringt. Tengnagel theilt nämlich in seinen Vetera Monumenta contra Schismaticos (Ingolst. 1611) pg. 383 Nr. 24 ein Schreiben vom Papste (Innocenz II, wie er schliesst) an Erzbischof Konrad mit, wo er diesen aus Anlass der ihm von seinem Widersacher bereiteten Bedrängnisse Muth zuspricht und zugleich mittheilt, Herzog Heinrich von Kärnthen habe sich an ihn, den Papst, mit der Bitte um sein Einschreiten „pro quibusdam ecclesiis a te interdictis" gewendet: „nos autem", fährt er fort, „totum id dispositioni tuae committimus. Quid enim inde fieri debeat, tua dilectio poterit sapientiorum fratrum deliberatione disponere". Wegen des Bischofs Hugo von Brixen gebe er dem Erzbischof zur Richtschnur, es sei rücksichtlich seiner nach dem zu verfahren, „quod etiam de ceteris Guibertinis in concilio statutum est, ut nec promoveantur, nec in suis ordinibus recipiantur. — Die Handschrift der kaiserlichen Bibliothek zu Wien, aus welcher Tengnagel dieses päpstliche Schreiben zuerst veröffentlichte, enthält an der betreffenden Stelle nicht den Namen des Papstes Innocenz, wie bei Tengnagel steht, sondern nur den Buchstaben P. Hansigius nun ist mit Tengnagel einer Ansicht (Germ. sacra II, 227). Jaffé theilt dieses Schreiben Paschalis II. zu und zwar für das Jahr 1107 (Reg Pont. N. 4590), Meiller Calixtus II. für d. J. 1124 (Reg. Arch. S. pg. 421), indem er annimmt, Konrad sei erst nach seiner Rückkehr aus Sachsen (1152) mit den kärnthner Herzogen in Conflikt gerathen, und von einem Strafverfahren gegen seine Suffraganen könne ebenfalls erst nach wiedererlangter Amtsgewalt die Rede sein. — Tengnagels Annahme ist nun entschieden falsch: wir haben gesehen, dass Konrad den Bischof Hugo von Brixen sofort nach der Wahl Lothars (1125) abgesetzt hat. Ebenso ist auch Jaffé's Vermuthung unrichtig: i. J. 1107 lebte Konrad mit seinen Suffraganen noch im tiefen Frieden. Endlich scheint uns auch Meillers Annahme, wenn schon die wahrscheinlichste von den dreien, doch desshalb der überzeugenden Gewissheit zu ermangeln, dass sie das Handschriftliche ignoriren muss, um ihre Richtigkeit zu documentiren.

Ich nehme mit Jaffé Paschalis II. als Aussteller an, setze aber das Datum des Briefes in die Zeit von Konrads Anwesenheit in Sachsen. Dadurch erhält zuvörderst der ermuthigende Zuspruch des Papstes eine ungleich günstigere Beleuchtung, als diess der Fall ist, wenn man Konrad bereits wieder in Amt und Brod sitzen lässt. Und wer denkt nicht unwillkürlich bei Erwähnung der deliberatio sapientiorum fratrum an Konrads treue Freunde in den Jahren der Verfolgung, die Bischöfe von Magdeburg und Halberstadt? Was sodann die ecclesiae interdictae betrifft, wegen deren sich der kärnthner Herzog an den Papst wendet, so erfahren wir aus c. 15 der Vita major, dass die Anfeindungen der kärnthner Herren schon früher als 1122 die salzburger Kirche getroffen hatten. Endlich das schismatische Einschreiten gegen den Bischof von Brixen passt ebensowohl auf die Zeit vor wie nach 1118 (Todesjahr Paschalis II.) Uebte ja doch, wie wir oben sahen, der Erzbischof auch in der Verbannung Jurisdiktion und Amtsgewalt aus, wenn freilich die Execution erst später nachfolgen konnte. (Vergl. Regg. Arch. S. N. N. 19—21, 28—30). Und endlich, erscheint es ganz natürlich, dass er sich in der Zeit seiner vielfach ungefestigten Lage an das Oberhaupt der Kirche um Rath wandte.

IV. *Ueber Bischof Heinrich von Freising.*

Meiller ist betreffs dieses Punktes anderer Ansicht. Er entnimmt nemlich einer Urkunde über die 1129 zu Laufen abgehaltene Synode — auf der entschieden werden sollte, ob Bischof Ellenhart von Freising, der zweite Vorgänger Heinrichs, in der Excommunikation gestorben sei — die Schlussfolgerung, dass Konrad bei dieser Gelegenheit ein dem Bischof ungünstiges Urtheil erwirkt habe. Meiller, der (l. c. p. 421) die Urkunde (Copie) bezüglich ihres Inhalts einer scharfen Kritik unterzieht, glaubt, dass sie nur lückenhaft auf uns gekommen ist. Die Worte „inter cetera causa Ellenhardi ventilata est" legten es nahe, dass neben der Angelegenheit des bereits 52 J. vorher verstorbenen Ellenhard auch die Heinrichs behandelt worden sei, deren ungünstiger Entscheid eine Verheimlichung des darauf bezüglichen Theils der Urkunde veranlasst habe. Allein es weisen die Worte „inter cetera" keineswegs mit Nothwendigkeit darauf, dass darunter auch Heinrichs Angelegenheit inbegriffen war; auf der Synode konnten noch viele andere Dinge vielleicht periodischer Natur behandelt werden, so dass sie neben der Hauptsache als nicht aufzeichnungswürdig befunden wurden. Dann kann ich nicht einsehen, warum ein Theil der Urkunde so zu sagen unterschlagen worden sei. Denn nehmen wir an, es sei gegen Heinrich ein irgendwie ungünstiges Urtheil gefällt worden, so würde doch, ganz abgesehen davon, dass die Quellen auch nicht die geringste Andeutung darüber enthalten, der freisinger Clerus kein Interesse gehabt haben, dies der Nachwelt förmlich vorzuenthalten. Berichtet uns doch Konrads Biograph (c. 22), die Freisinger hätten so fest zu ihrem Bischof gehalten, dass sie nur ein von einer Synode ausgegangenes Urtheil von demselben hätte abwendig machen können. Warum also da eine Verheimlichung, wo die betheiligten Personen den Verurtheilten aufgegeben haben würden? Und worin hätte denn das ungünstige Urtheil bestanden, da Heinrich ruhig bis zu seinem Tode weiter regiert. (S. Vita major c. 22.) Trotz dem halte ich die Worte des Biographen: „mit dem Bischof Heinrich wollte sich Konrad bis zu dessen Tode nicht versöhnen," aufrecht, indem ich „reconciliari" in seiner einfachsten Bedeulung: „einen freundschaftlichen Verkekr wiederherstellen" nehme. Man braucht so etwas gar nicht anzunehmen, und kann sich dennoch die Thatsache erklären, dass Konrad den Bischof unbehelligt sein Amt ausüben liess. — Weiter stützt sich Meiller (l. c.) auf die Reg. N. N. 107 u. 295, wenn er vermuthet, der Erzbischof habe, vielleicht auf der laufener Synode eine Art Suspension (?) oder Sequestration gewisser (?) bischöflicher Rechte gegen Heinrich durchgesetzt. Die Reg. 107, nun enthält gar nichts, was für diese Ansicht spräche (vergl. darüber auch Hansiz l. c. II. 222) und N. 205 handelt ganz allgemein von Ertheilung von Rechten, wie sie jedem Bischofe gegenüber üblich war, auch wenn ihm nichts wieder zugestanden werden sollte, was seinem Vorgänger abgesprochen worden war. Meiller muss überdiess zu Textesänderungen greifen, um einen Stützpunkt für seine Hypothese zu finden und vergisst ganz die Worte: in eo statu eas (sc. ecclesias) manere permittimus, in quo illas ab antecessoribus nostris et vestris bocatas esse didicimus." Es ist doch auffallend, dass in dem ganzen Schreiben Konrads an Bischof Otto, dem Nachfolger Heinrichs von einer früher verhängten und nunmehr aufzuhebenden Sequestration auch nicht mit einem Worte die Rede ist.